もっと！

世界は
ほしいモノに
あふれてる

4

～まだ見ぬ宝物と人に出会う旅～

監修：**NHK**「世界はほしいモノにあふれてる」制作班

KADOKAWA

## はじめに

「せかほし」の旅人に連れられて行く旅は、宝物を探しに行く「冒険」の旅。200年以上前から受け継がれる技、そこでしか食べられない食材、極めた人の持つ寛容さ、人々に愛されてきた習慣、忘れてはいけない記憶、新しくトレンドになった理由。——旅で出会った一つ一つが宝物。さあ、冒険の旅をご一緒に!

# CONTENTS

高野のぞみさんと行く
# ロンドン
## 幸せの花束をめぐる旅│60

# CONTENTS

坂田夏水さんと行く

# パリ、ロマーニャ、越前 部屋も人生もセルフ リノベーションする旅

壁や床をDIYで思いのまま変身させる。そんな
夢のような部屋づくりを推奨している空間デザ
イナーの坂田夏水さん。活動のなかで、和紙や
襖、畳など、伝統的な和の建材の消費が先細る
現況に、危機感を抱いてきた。ある日思い立った
坂田さん、気づけばパリに居を構えていた——。

# *Mission of Self Renovation*

# 自分の手を動かせば、<br>家に愛着が生まれる

## "DIYによる内装"を提唱

　空間デザイナー、坂田夏水さんの仕事は実に多岐にわたる。28歳で起業して以来、15年代表を務める「夏水組」では、内装のコーディネートを引き受ける。その顧客は大手企業のホテルや店舗から、個人のマンションオーナーまで幅広い。それぞれ依頼主が抱く「こんなお部屋にしたい」というおぼろげなイメージに合わせ、様式を選択し、個々に合った建材やインテリアを提案する。借り手不足に悩むオーナーには、おしゃれで時流に合った内装で他物件との差別化を図り、価値を高める。

　そんな坂田さんが業界のなかでも突出しているのは、DIY（Do It Yourself）による施工を推奨していることだ。2015年6月からスタートした「夏水組　内装の学校」では、実際の物件を使って壁の塗り方や壁紙の貼り替え方など、セルフで行うリノベーションテクニックを伝授。主に大家さん、不動産屋さん向けではあるが、オンラインでの座学コース、実際の物件を使った実践コースと、初心者でも簡単に取り入れられるとあって、自分の手で部屋を変えてみたいという人も多く、募集がアナウンスされると、すぐに埋まってしまうほどの人気ぶりだった。現在はパリ在住のため、オンラインコーディネート相談サービスを期間限定で始めている。

　「壁の色も壁紙も、"自分で選んで自分で楽しむ"というのを経験してほしくて。そ

の積み重ねで、壁、床、照明、家具……自分で選んだものの集合体として、お部屋に愛着がより持てますよね」

## 消えゆく日本の伝統に光を当てる

　その信念に影響された女性たちは、"DIY女子"と呼ばれ急増中。彼女たちの受け皿として、日本ではなかなか手に入らない海外のおしゃれな壁紙や資材などを取り扱うインテリアショップ Decor Interior Tokyo（東京・吉祥寺）も運営している坂田さん。そこで、オリジナル商品の製作販売も手掛けている。

　例えば、越前和紙にイタリアの伝統柄を木版プリントするコラボレーション。そして、フランスの伝統柄を伊勢型紙で手彫りし、浜松で注染染めし、布に仕上げていく試み。どちらも、日本の伝統的な職人技術に光を当て、海外との共同作業で生まれ変わらせる——そんなプロジェクトが並ぶのは、坂田さんの並々ならぬ思いがあるから。「日本の建材の素晴らしさをもっと日本の人たちに知ってほしいし、楽しんでほしいんです。消えゆく文化になりつつあるので……職人さんたちのお仕事を増やし、技術を残していきたいっていうのはもう、私のライフワーク」

　そう語る坂田さん、2022年には、ついにフランス・パリに移住を決めた。日本の建材のため、海外進出を試みる、その戦略とは…?

空間デザイン

デザイン塗装する前に塗り分け用の養生テープを貼る

木版を施した襖紙のパネルを
飾ったホテルの客室

壁の下部を別の仕上げにした腰壁がおしゃれ

パリの展示会Maison & Objet(メゾン・エ・オブジェ)のブースにて

パリ・ノール・ヴィルパント見本市会場

# Research of Paris

FRANCE
フランス

パリ

PARIS
パリ

菩藍堂（ぼらんどう）

パリ6区
サンジェルマン・デ・プレ

ルジエ・エ・プレ

メルシー
アッサンブラージュ

バスティーユ地区

ラ・メゾン・バイ・ナド・ユト

アントワネット・ポワソン

ア・ラ・プロヴィダンス・カンカイユリ・ルクレルク

## パリ バスティーユ地区

古くから芸術の都として栄えるフランスの首都・パリ。なかでもバスティーユ地区はフランス革命発祥の地として知られ、活気ある最新流行の発信地でもある。若者に人気のカフェやバーが多く、エスニックな雰囲気もあり、芸術家が多く住まう。

## ラ・メゾン・バイ・ナド・ユト

バスティーユ地区のインテリア用品店。「訪れた人が自分の家のようにくつろげる店」をコンセプトに、感度が高いと注目されるオーナーのアドリアン・オードゥイさんとダン・テュイ・エヌグイエンさん自身が家に置きたいと思うものを揃える。

## ア・ラ・プロヴィダンス・カンカイユリ・ルクレルク

オペラ・バスティーユから徒歩10分に位置する1840年創業の金物店。棚の引き手やドアノブなど、クラシカルで多種多様な装飾品が並ぶ。

## ルジエ・エ・プレ

サンジェルマン店など首都圏（イル・ド・フランス）だけで8店舗ほか、フランス国内で全国チェーン展開する画材店。文房具や手芸用具、DIYできるインテリア雑貨など、幅広く取り扱う。

## アッサンブラージュ

バスティーユ地区、ヴォージュ広場近くのワインバー。シックで落ち着いた店内には、オリジナルの椅子やテーブルなど、オーナーのエリック・ヴィルモさんお手製の家具が並ぶ。昼間は工房で家具を製作、夜は膨大なワインメニューから、ワインと合う料理を提供する。

## メルシー

観光客の多いマレ地区に2009年にオープンした総合セレクトショップ。1階にカフェ・服飾、地下1階にキッチン雑貨、2階にインテリア・書籍などを揃え、ハイセンスな品揃えに定評がある。入口に飾られた赤いフィアット車はお店のアイコン。

## アントワネット・ポワソン

大学で美術修復を学んだ3人の若いフランス人アーティストが18世紀の壁紙に使われていたドミノ印刷という工法を再現し、ドミノペーパーとして販売。古い建物に残る壁紙やパッケージを研究して当時の柄を蘇らせている。2012年に会社設立。グッチとのコラボなどで注目されている。

## メゾン・エ・オブジェ

年に2回（1・9月）パリ郊外のヴィルパント万博公園で開催される世界最大のインテリア＆デザインの貿易見本市。インテリアや建築業界のみならず、トレンドの発信源としてファッション業界からの注目も集める。

## パリ6区 サンジェルマン・デ・プレ

セーヌ川左岸、6世紀に建てられたサンジェルマン・デ・プレ教会を中心に広がる洗練されたエリア。文筆家や芸術家が集う老舗カフェや、高級ブティック、インテリアショップなどが軒を連ねる。

# Gambettola

# Echizen

**ITALY**
イタリア

**FUKUI**
福井県

## 菩藍堂 (ぼらんどう)

サンジェルマン・デ・プレに2022年9月オープンしたインテリアショップ。坂田さんが和建材をリプロデュースした「Natsumikumi Material」の商材を中心に、和紙、壁紙や布、畳やインテリアに関連する工芸品を扱う。

## イタリア ガンベットラ

イタリア共和国北東部のエミリア＝ロマーニャ州にある地域。丘陵地帯に囲まれた田園地帯で、ブドウ畑やオリーブ畑が広がるのどかなエリア。中心街には中世の城跡が残り、その周囲を石畳の路地や広場など情緒あふれる町並みが囲む。

## ベルトッツィ

1920年創業のイタリアのリネンブランド。1点1点職人の手作業による、手彫りの版型を用いたハンドプリントやハンドペイントでデザインされたリネンが人気。手作りならではのにじみやかすれがぬくもりを感じさせる。

## 福井県越前市

福井県嶺北地方中南部に位置する県内第3の都市。古くから越前和紙や越前打刃物、越前箪笥など伝統産業で栄えてきた。岡太神社には、美しい水と緑深い山々を活かし和紙産業を行うよう告げた紙の神様「川上御前」を祀っている。越前ガニが名物の越前海岸が近くにある。

## 滝製紙所

1875年創業の越前和紙製紙所。手漉き・機械抄きの両方で造られる大紙は、襖・壁紙からアートまで幅広く利用される。店舗やメーカーと積極的に協業し現代デザインと融合した和紙の新しい可能性を追求する。

## 山伝製紙

明治初年度より紙製造を営む越前和紙メーカー。手漉きから機械抄紙に転じ、透かし模様の入った伝統的な越前和紙のみならず、低伸縮性、耐水性などをうたう機能紙も製作。高品質の和紙を小ロットから提供する。

# Kichijoji

## デコール・インテリア・トーキョー

東京・吉祥寺に構える、インテリアグッズ店。壁紙、ペンキなどの定番DIYグッズから、床材や建具などの資材まで、家・部屋をとりまくアイテムを取り扱う。

13

# フランス発、心地よい
# おうち時間のヒントを探る

**「見てほしい家」がデフォルトのお国柄**

　坂田さんに部屋づくりの楽しさを教えてくれた街、パリ。新型コロナウイルスの影響でおうち時間が長くなるなか、フランスの人びとは部屋を好きなモノで満たし、部屋に手をかけることを当たり前のように楽しんでいた。元々築100年超の古い家やアパルトマンが多いだけに、実はリノベーション大国でもある。アイデアいっぱいの部屋をちょっとご紹介。

　現代アーティストのレイラ＝ローズ・ウィリスさんは、部屋に「自然」というテーマを設け、石や植物を自由な発想で組み合わせている。横置きの棚を縦に配置し、その上にシダを乗せると、一見ヤシの木のように見える、と自慢する。もうひとつのテーマは「再生」。廃材などを組み合わせ、独創的なインテリアを手作りしている。

　「家は繭のように私を守ってくれる存在で、仕事や仲間と共に過ごす場でもある。家は私の人生そのもの」と誇らしげ。

　パリに住んで1年になる坂田さんも、フランスと日本の住居に対する思いの違いを実感している。

　「家って、こちらの人にはステータス。人を呼んで見てほしい、という思いが強いんです。毎週末誰かを招いては、家で一

ドアノブではなく、階段の手すりの飾り

1840年創業の"本物"が並ぶ金物店

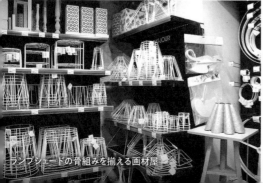
ランプシェードの骨組みを揃える画材屋

昼は家具作り。夜はワインバー

緒に食事をして、料理も家族も自慢して。そして招かれたら次は招き返して、という文化ですね。いきなり人が訪ねてきても、よほどのことがない限り、サッと通せる家にしてある。『人に見せられない家』がない。その点は日本とは大きく違うなと感じますね」

## 誰もが気軽にインテリアに手をかける

自分を愛するように家も愛し、自分の手で育てていく。そんな文化がある国には、家を楽しむためのお店も多い。

芸術家や職人の集まるバスティーユ地区にあるインテリアショップ La Maison by Nad Yut（ラ・メゾン・バイ・ナド・ユト）は、感度が高いオーナーの家具セレクションでおなじみ。

坂田さんおすすめの金物店 A la Providence Quincaillerie Leclercq（ア・

ラ・プロヴィダンス・カンカイユリ・ルクレルク）には、ルイ14世の時代の金型から作られた取っ手など、職人が作った美しい"本物"が並ぶ。棚の取っ手を一つ付け替えるだけで、雰囲気が一変する。

全国展開するチェーン店の Rougier & Plé（ルジエ・エ・プレ）では、DIY 好きの人のためにランプシェードの骨組みを販売。好きな布や紙を飾って、オリジナル品を作れる。初心者には、店頭で作り方を指導してくれる。

DIY 好きが高じて、自ら家具を手作りした空間でワインバーを営む人もいる。ヴォージュ広場近くの Assemblages（アッサンブラージュ）は、オーナーのエリックさんが家具も料理も手作りで提供する。これもやはり、自慢の空間を人に見せたい、という文化なのだ。

「家は私の人生そのもの」とレイラさん

# 憧れのマリー＝フランス邸から学ぶ
# 大好きな空間づくり

## 働きながら社会貢献するスーパーマダム

　おしゃれ感度の高い街、パリでもひときわ存在感を放つショップが、インテリアにキッチン雑貨、服も取り揃え、カフェも併設するコンセプトストア Merci（メルシー）。その創業者、マリー＝フランス・コーエンさんは、坂田さんの憧れの女性。夫であるベルナールさんと2009年にこのブランドを創設、マリー＝フランスさんの卓越したセレクションで、世界中の人にインスピレーションを与えてきた。店の利益はマダガスカルの恵まれない子供たちに寄付される仕組みとするなど社会貢献にも熱心で、その活動ぶりは注目の的だが、2010年に夫が逝去、2013年には経営権を売却した。だがその後もサロン・ド・テの内装を手掛けたり、インテリアのセレクトショップ Démodé（デモデ＝流行遅れの意）をオープンしたり（2023年10月現在クローズ中）と、精力的に活動を続けている。
「Merci は、古典主義が主流だったフランスのインテリア業界を一変させた画期的なお店です。さらに寄付の仕組みをつくるなど、女性が働きながら世の中にいいことができるんだという流れをつくったことにはとても憧れます」と坂田さん。

## 何となく買ったものは一つもない

　そんなマリー＝フランスさんの住まいはもちろん、センスの塊。アンティークからコンテンポラリーまで、時代にとらわれず、彼女の審美眼にかなった美しいものたちが並ぶ、快適な空間だ。
「うちにあるものは全て思い入れがあるわ。何となく買ったものは一つもないの。家に個性を与えるものは、自分が心からときめくものだと思うから。服を着るのと同じように、家に温かみが出るでしょう？」
　リビングで目に留まるのは、ソファの上に並ぶシックなトーンで統一されたカラフルなクッション群。
「布が大好き。特にベルベットや、いろいろな種類の色の布。ソファがなくても大きなクッションがあれば、家はたちまち安らげる場所になるから」
　陽の光が注ぎ込むキッチンには、中央に大きなダイニングテーブルが。
「料理はもちろん、人を招くのが大好き。キッチンで食べる夕食が一番おいしいでしょう？雰囲気も、料理の匂いも大好きよ」
　家を愛することは、人生を愛することだという、マリー＝フランスさんの哲学だ。
「家は自分に似ているし、自分がそのまま表れるもの。みんなが同じものを求めて同じような家に住むのは、楽しくないでしょ」
　彼女にとって特別な一品がある。壁にかかる2本の古い柱。亡き夫がくれた贈り物で、いつも一番近くにある。
「職人が作ったものや、変わらない価値があるもの。自分にとって大切なものを調和させれば、心地よい家になります」
　達人の言葉は、素敵な部屋づくりのヒントになりそうだ。

さりげなく置かれたクッションはガエル・ダヴランシュの花の絵が描かれたDémodéのもの

子供服のブランド「ボンポワン」も
マリー＝フランスさんが手がけた

夫からの贈り物の柱には16世紀の彫刻が施されている

# セルフリノベーションの基本の4つをやってみる

## 1.塗る

### 壁一面で印象が劇的に変わる

「『私、DIYしてる！』って実感できるのがペンキ塗り。壁面のペイントは、一面だけでも部屋の印象を大きく変えることができますよ」と坂田さん。

水性ペイントなら匂いも少なく、壁紙の上から直接塗れるので初心者にも安心。

【用意するもの】
・水性ペイント缶
広い面を塗る場合、ペンキはサンプルより明るく感じるのを考慮してセレクト
・バケツ
・刷毛（乾いたもの）
・ローラー（乾いたもの）
・マスカー
・マスキングテープ
・ポリ手袋（使い捨て手袋）
・ペーパータオル

①マステ・マスカーで養生し、ペンキをバケツに注ぐ。
②刷毛で端やコーナーなどから塗る。
③広い面はローラーで均一に塗る。
④乾くまで1〜2時間乾燥させる。
⑤端から再び刷毛で丁寧に塗り重ねる。（二度塗りの際、省略も可能）
⑥ローラーで広い面を二度塗り。
⑦巾木などにはみ出た場合、完全に乾く前なら濡れ雑巾などで拭き取れる。

初心者がいきなり壁を塗るのはハードルが高いかもしれないので、まずはテーブルやチェスト、スツールなど木製の家具から挑戦してみては？

壁紙の上から塗れる夏水組オリジナル水性ペイントは全30色

## 2.貼る

### 賃貸でもOKなクッションフロア

　クッションフロアは厚みのあるクッション性の床材。ビニール製なので水にも強いのが特長だ。貼り方さえ工夫すれば、賃貸でもOK。木目調やタイル調など、さまざまな柄から選ぶのも楽しい。

①弱粘性の養生テープを床の縁4辺に貼る。周りが貼れたら、中も40〜50cm間隔で格子状に貼っていく。クッションフロアを2枚以上貼り合わせる場合は継ぎ目にも貼る。
②養生テープの上から両面テープを貼る。
③クッションフロアを敷き込み、部屋の形に合わせてカッターでカット。
④両面テープの剥離紙をはがし、クッションフロアを上に敷いて完成。

### 襖紙の貼り替えで和室もモダンに

　和室がある人は襖紙を貼り替えればイメージチェンジに。外枠を外さずともできる方法をご紹介。

①ビスをペンチで引き抜き引き手を外す。
②襖紙の裏にローラーで糊を塗る。
③襖の上に乗せる。2人での作業がラク。
④撫で刷毛で空気を抜く。
⑤端は糊が乾きやすいので、乾いているところは再度刷毛で糊を塗る。
⑥竹ベラで縁部分の上から紙を押さえ、カットするためのガイドラインを作る。
⑦地ベラで押さえながらカッターを添わせ、カッターを寝かせながら縁をカット。
⑧引き手の位置に米印状の切り込みを入れ、引き手をビスごと元に戻す。

空間デザイン

襖と壁にもおそろいの
毘沙門亀甲（小豆）の襖紙を貼ってみた

## 3.付ける

### 1st DIYに最適な取っ手の付け替え

　一番簡単で取り入れやすいのが、取っ手を付け替えるＤＩＹ。ネジが見えるタイプの取っ手なら交換可能だ。賃貸に作りつけの棚でも、付け替えて戻すこともできるので確認して。既存の取っ手のネジの長さ・直径を測って、それを基に交換品を選ぶのがオススメ。デコラティブなものやアニマルモチーフのものなど、好みに合わせて選んで。

### 簡単に取り付けられる飾り棚

　壁に付けることで棚を作れるブラケット（棚受け）は、好きな場所に棚を付けられる。あくまで飾り棚なので、あまり重いものは乗せられないが、植物やフォトフレームなど、どこでも気軽にデコレーションが楽しめる。

取っ手の裏側からネジの種類をチェック

### 壁を傷つけずに自由にレイアウト

　おしゃれなＤＩＹ壁の代名詞、有孔ボードを使った壁作りも SNS などで人気。有孔ボードとは、穴の開いた薄い木の板。賃貸で壁に穴が開けられない人も、有孔ボードならフックやピンを飾り放題、自由にレイアウトできる。壁との間に隙間が必要だが、隙間を作れるようボードを固定できる商材も多いので、シーンに合わせて活用してみて。

※ Mission 3の材料は MATERIAL で購入できます。

ブラケットを取り付けることで壁が棚に

## 4.飾る

### アイテムひとつで気分が変わる

　何かを飾るときこそ、その周りの空間を生かしてアイテムを際立たせたい。

　坂田さんがオススメする「飾る」の一番手っ取り早い方法は、インテリアパネルを壁に掛けること。インパクトのある柄のパネルを配置すれば、壁がシンプルなままでも気分が変わる。坂田さんのショップサイトMATERIAL（マテリアル）では輸入壁紙でパネルを自作できるキットも扱っている。

　忙しくて植物を枯らしてしまう……という人には、フェイクフラワーやフェイクグリーンがオススメ。花や緑が視界に入ると、それだけで活力になるはず。

### 気分や目的に合わせて飾りたい

　個性的な照明を取り入れる方法も、部屋をガラリと変えることができる。メインの照明をシャンデリアに変えると、部屋がゴージャスに。幾何学的な電球むきだしのモダンなライトを吊り下げれば、クールな雰囲気になる。

　思い切って大きめのミラーを壁に飾るのは、部屋に奥行きをもたせるのに最適。壁スペースに余裕がない場合は、小窓のように鏡を飾ってもいい。寝室などで積極的にトライしてみて。

　ちょっと個性的な部屋にしたいなら、壁や棚にアニマルヘッドを飾るのも楽しい。和めて癒やしになる、かつ"人を招きたい"部屋になること請け合いだ。

空間デザイン

鏡を飾ると奥行きが出る

## Mission 4

# 空間づくりに和のエッセンス、越前和紙を使って

### 伝統技術に新発想を取り入れて

　2020年9月、坂田さんの姿は福井県越前市にあった。古くから知られる和紙の町で、新発想の和紙作りに取り組む滝製紙所の若き職人さんに会いに来たのだ。

　網状の和紙や、紙の繊維をマーブル状に施したものなど、国内外からのオファーに応え斬新な和紙を次々と生み出している瀧英晃さん。襖のための大判和紙を作る工程を見せてくれた。均等に漉くために高度な技術が必要だ。コウゾ、ミツマタなど植物の繊維に、トロロアオイの粘りを加える。水で縦横均等に波を起こし、繊維を絡ませる。目指す厚さは0.2mm。漉き上がってきたものを横から眺めた坂田さん、思わず「美しい」とため息だ。

　瀧さんは、その上から青い色の繊維を振りかけ、抽象画のような模様を作り出していく。白い下地に青い繊維がからみ、立体感もある柄だ。ほかにも、下地に工夫をし、上から注水することで波のような柄を描く、新技法も開発したという。

　こうした新発想の越前和紙の魅力をさらに伝えるため、坂田さんがコラボレーションを持ちかけたのは、イタリアのハンドプリントメーカーだ。イタリア北東部ガンベットラで、最高品質の麻布に、木版プリントを施す老舗メーカー、BERTOZZI（ベルトッツィ）。歴代の職人たちによる手彫りの木版スタンプを5000種類も擁している。

　国境を越えたプロジェクトが始まった。

紙の神様、川上御前が祀られている岡太神社

瀧英晃さんと

落水模様の和紙

高い技術と試行錯誤から生まれた葉脈模様の和紙

*Mission 5*

# 日本×イタリア、
# ジャパニタリアンの壁紙を作る

## 自然のモチーフに共鳴し合う職人魂

　坂田さんがベルトッツィに送ったのは、約150年の歴史をもつ越前和紙の製紙所、山伝製紙で作られた和紙。熟練の職人たちにより、色合い・風合いが守られ、耐水性にも優れている。ベルトッツィの社長・ジャンルイジさん（愛称ジジさん）は抹茶色を選び「まるで地元ロマーニャの自然を表しているようだよ。実際に見て触ると伝統の技法で作られていることはすぐわかるね」と笑顔。ジジさんはその色からロマーニャのブドウを合わせようと思い立ち、鉛筆を手に、風に揺れるブドウの葉を描いていく。

　日本の和紙にイタリアの模様、二つの国の自然や文化が混ざり、命が吹き込まれていく。完成した"ジャパニタリアン"の逸品は、手仕事ならではのぬくもりがいっぱい。

　「言葉にならないくらい素敵です」と坂田さん、瞳を輝かせた。

## 18世紀のフランス壁柄が着物の反物に

　国を越えた坂田さんの試みは他にも。美術修復士たちが蘇らせた18世紀の壁紙模様を当時同様に職人が一筆一筆施して作る「ドミノペーパー」に目を留め、和のテキスタイルに変身させた。ハイブランドともコラボする、ドミノペーパーメーカーのAntoinette Poisson（アントワネット・ポワソン）に持ちかけ、幸運を呼ぶ四つ葉のクローバー柄をセレクト。

　今度はその下絵を日本の職人の元へ持ち込み、着物などの生地に柄を染める伝統の技、伊勢型紙で彫り上げる。30時間かけて完成させた型紙は、浜松注染染めの職人の手に渡り、注染で仕上げていく。鮮やかな青に赤のアクセントが入った、おしゃれな柄の反物が完成。日仏の職人たちの技が結集した、特別な品となった。

手彫りのスタンプは5000種類

まさにハンドプリント。重なりも美しい

ルネサンス期のパウダーの箱から柄を復刻

伊勢型紙で型取り

浜松注染で反物に

## Mission 6

# コロナ後、移住。
# フランスで日本の伝統建材を残す

### 瀟洒な地区に路面店を開店

　国境を越えたコラボレーションから1年半ほど経った2022年3月、坂田さんはフランスに完全移住を果たした。そして9月、パリ6区のなかでもギャラリーや高級店が並ぶ屈指の地域、サンジェルマン・デ・プレに新たなお店を構えた。

　店名は菩藍堂（ぼらんどう）。畳や和紙、襖など日本の内装建材やインテリア装飾品を取り扱う。現地にファンも多い能面や屏風、着物や帯、漆器や髪飾りなど、少し高価な伝統工芸品も揃えている。

　実は2018年から、こうした商品をフランス最大のインテリア・デザインのトレードショー Maison & Objet（メゾン・エ・オブジェ）に4回ほど出展していた坂田さん。そこでは日本の伝統文化が、ともすると国内以上に評価されると実感していた。その好感触を得て、遂に現地での出店までこぎ着けたのだ。

　開店までの道のりは、たやすいものではなかった。まずは高価な商材に興味を持ってもらえるエリアの選定。当初はショッピングや観光の中心街である4区のマレ地区にと考えていた。だが現地のマーケットに詳しい人に「インテリアの商売に向いているし、客層もいい」とサンジェルマン・デ・プレを推され、絞り込んでいく。そこからC to C（不動産屋が仲介しない取引）物件検索サイトで店舗物件を見つけ、フランスの弁護士をつけて契約。工事業者とも契約し、何度も打ち合わせを経て図面も確認した。ここまでを日本にいながら進めた坂田さん、6月には開店のつもりでいた。

### これがフランス、それが人生

　だが蓋を開けてみると契約後、「工事は工程通りに進まない。完成するのは9月だよ」と言われ驚愕する。「Ah, c'est la France!（これがフランスか！）の洗礼を受けました（笑）」と坂田さん。後から、フランスの工事業者は工程通りに引き渡しをすると手抜き工事と言われるので、「しっかり仕事するから遅れるんだ」と聞かされた。結局、拝み倒して最低限の工事だけは別工事の合間に入ってもらい工期を前倒し。残る壁天井の塗装、什器の組み立てや壁紙貼りは坂田さん自身が工事をすることに。

　「私のDIY技術は、この時のために訓練されたのかと思うほど役に立ちました」

　工事業者の洗礼を受け「これからは"何事も予定通りに進めようと思わない"と決意した」という坂田さん。C'est la vie!（それが人生！）と受け入れるフランス人の流儀を既に身につけてしまったよう。

　苦労をしても前に進んでいくのは、揺るがぬ信念があるから。

　「日本の建材をもう一度日本人が、もしくは世界中の人たちがもっと使ってくれれば、畳文化も襖も、職人さんたちも残っていく。そのためにはヨーロッパ、特にフランスで売れて、評価を高めていくことが重要なんです」

2022年9月1日にオープン

## バッグの中身はインパクト金槌とビス

### 原点は祖父の表装を傍らにした紙遊び

　生まれは福岡で、両親が共働きだったので祖父母の家によく預けられていたんですが、祖父が家で表装（掛け軸と書画を合わせる仕事）と書をやっていたんですね。祖父の仕事も見ていましたし、日常生活の中に金糸の入った日本の織物の端切れがあって、リカちゃんやシルバニアファミリーの家の家具の上に掛ける布にして遊んだりしていました。色柄含め、本物に触れるいい機会を与えられまして、そこから色塗りや配色、絵を描くことが好きになっていきました。祖父の影響は大きいと思います。

　武蔵野美術大学の建築学科に行ったのはそれこそたまたまで、建築家に元々なろうと思っていたわけではないのですが、偏差値や、できないことの消去法で決めたのが建築学科でした。最初は国立の工学系の建築学科を目指したのですが、数ⅢCとか物理を勉強しているうちに、全くこんなことやりたくない！ って気づいてしまったんです（笑）。大きなビルを建てたり、道路を作ったりすることには興味がなくて、建築のデザインがやりたかったんじゃないかと、受験勉強中に気づきまして。親にお願いして浪人させてもらい、武蔵野美術大学に入りました。

### 手を動かすことの楽しさを学ぶ

　大学時代、建築史家の藤森照信先生のぬくもりのある建築が大好きだったので、藤森先生の実施設計を行うアトリエ系設計事務所にアルバイトをさせてくれとしつこくお願いして、プロジェクトに参加させていただきました。就職時にもそのまま設計事務所に雇用してもらい、自分でも設計補助や図面作成や役所申請などをやる仕事が2年ぐらい続きました。藤森さんは地元の土や木を使って、自分の手で建てる方で、「坂田、一緒に木を切りに行くぞ」「土を掘れ」「土だんごを投げつけろ」とか、すごく素敵な経験をさせてもらって。そこで建築とDIYの関係とか、手を動かすモノ作りを教わりました。

　そしたら今度は、工務店の役割にすごく興味をもつようになったんです。設計士が

絵を描いても、工務店の現場監督や職人さんがいないと家って建たないものですから。工務店ってすごいな、現場監督の仕事を覚えたいな、となって。ちょうどプロジェクトが終わったところだったので、設計事務所の先生にもそうお伝えしたら笑顔で工務店への転職を送り出してくれました。

## ハードな日々で肝が据わった

工務店での日々は、ホコリだらけ、ゴミまみれの結構ハードな業界なので、土日もなく夜中まで仕事をするし、女性としての生活なんか全く無視して、半分男の人になりかけているような生活でした。頭にタオルなんか巻いて、鼻の中は真っ黒だし、バッグの中身はインパクト金槌とビスと……って状態でしたが、そのころが私の人生にとっ

てはとても大切で、この時期があるから泥臭いことも全然できるし、前歯が欠けてる職人さんとも普通に楽しく話せるし。クレーマーが出てきて、それに対応するってことも普通にやってきてので、肝が据わったって言われたんですが、どんなことにも対応できる強さを持つことができました。

一級建築士事務所と工務店と、その後不動産の勉強もするんですが、組織に所属していると、代表の判断が方針に通底してくるから、「こっちの方がいいな」と思っても、最終的には代表者の判断になる。私自身がやりたいことをやるなら、人の会社でやってはいけない、自分の責任のなかでやるべき、とその当時色々と教えてもらっていたゼネコンの方に教えられたこともあり、独立を決めました。

# 「やるか? やらないか?……やる!」の精神で

## 28歳で起業は珍しくない

昔からモットーにしてるのは「やるか? やらないか?……やる!」でしたし、楽観的な性格です。加えて1980年生まれでいま43歳の私の世代は、就職時期には氷河期で、そもそも勤め先も仕事もなく、社会も完全に不景気だったんです。だから就職できても、自分がその会社に一生勤められるはずがない、安定するためにも自分で何かを始めないと、という世代。周囲にも早めに会社を立ち上げる人が多かったので、28歳での「夏水組」起業はそれほど珍しいとは思いませんでした。私の場合は人を雇わず自分ひとりが食べていければそれでいいわけですから、そんなに難しいことでもなく、創業から30歳ぐらいまではほとんど気楽でした。ただ、いつもクライアントとは「長くお付き合いできる相手かどうか」を見極めて接するように心掛けてきました。

## ビジネスを徐々に多方面に展開

夏水組で設計や内装デザインの仕事を請け負っているうちに、金物や建具などの建材がストックとして溜まってきてしまって、「じゃ

お店を出してみたら?」という友人の助言もあり、Decor Interior Tokyo の前身の店舗を西荻窪で始めました。一般の人にDIYを勧める入口になれば、という思いでしたが、全て順風満帆……とまでは言えないかな。2022年のリニューアルオープンと同時に阪神梅田本店にも出店したものの、収支が合わずに1年で撤退するという失敗もありましたし。でもいまは移転の末、吉祥寺でコロナ禍も何とか乗り越えて営業しています。

また、夏水組でリノベーションや古民家再生の仕事をしていくなかで、小さな物件の大家さんが抱える悩み相談を受けることがとても多くなって。個別の対応は難しいけれど、皆さんの問題をまとめて解決できたら、と始めたのが「内装の学校」。これが予想外に評判で長く続いてきてしまいましたが、私にとっては趣味のひとつのようなものですね。

## プライベートとの両立に悩んだ30代

30歳の時に結婚をしまして、彼に不動産屋さんになってもらい、シェアハウスの賃貸管理や売買などを夏水組と一緒に取り組んでいました。31歳で長女、5年後に長男が生まれるんですが、子持ちでバリバリ仕事を

して、飲み会も出て（建築業界は飲み会が本当に多いのです）っていうのはかなり難しいなという実感が第1子の時にあったので、思い切って家族で北九州の私と夫が幼少期に住んでいた場所に移住して、二拠点生活を始めました。ところが1〜2週間に1回はやっぱり帰京せねばならず、思っていた以上にしんどいし、夫とは仕事の時間もずっと一緒にいることで、疲弊してしまい、お互いに進みたい別の道を選びました。

　シングルになってからは、実家（二拠点

生活前から東京）のすぐ近くで、母にちょっと頼りつつ、気ままに暮らしていました。良くも悪くも楽観的な性格なので、ダメだったら次！ってところで、再婚も早かったです。

## 渡りに船、でフランスへ

　もともと住まいは、賃貸でも1回更新すればいい方で、リフォームしたら気が済んですぐ引っ越しを繰り返す、職業病のようなところがあって、フランスにもいつか移住してみたい、とは思っていました。日本は「衣食住」の「衣食」までは世界に誇れるレベルになったとは思いますが、「住」に関してはまだまだ西欧に遅れていると思うことも多かったし、特に子供の教育を考えた時、受験戦争のレールに乗せるのも違うなぁと。でもシングルで子連れ海外移住はハードルが高いな、と思っていた時に、今の夫（フランス人）が、連れて行ってあげるよって言うものだから、これはもう乗るしかない、と（笑）。

## NATSUMI'S HISTORY

# フランスでの活動が始まる

### 和建材の逆輸入を狙うのは"罪滅ぼし"

　フランスへの移住は家探しから難航しました。日本で会社経営をして決算書が出せても、フランスで働いた収入証明がないと、貸し手の大家さんに弾かれてしまうんです。結局、夫の両親の知人を介して、裏口的にコネを使い契約できました。

　お店も同様に開店までは大変でしたが、売れ行きも、「これは売れる！」と思ったものがダメだったり、日本からオマケでもってきたものが大人気だったり、動向が読めない。日々マダムたちの意見を聞きながら、戦略を立てています。日本人はフランス含め西欧のものへの憧れが強いけれど、フランス人は今の日本が失ってしまった伝統文化そのものが好きなようですね。

　日本で内装業をしていると、「和室を潰

して洋室に」というオーダーを何度も受けました。そのたびに、和室を残せていたら、もっと畳を勧めていたらという思いが強まりました。襖の和紙も、フランスのメゾン・エ・オブジェで評価されましたって言ってから初めて、日本でも売れるようになってきたんです。だからこうしてフランスにまで来て和建材の普及活動をしているのは、業界にいる者としての責任。もうお金とか関係なく、言ってみれば罪滅ぼしみたいなものなんです。同業者で、同じように活動してくれる人が増えればいいな、とも願っています。

　今は日本での仕事を縮小して、お店も信頼できるスタッフに任せていますが、こちらで内装の受注もようやく増えてきたので、3つの会社を引っ張りながら、好きなことをできる環境を調整しています。でもフランスで受注するからには、フランス語をもっと頑張らないと。最近はもう、子供たちの方が上達して「ママその発音おかしいよ」って笑われてしまうので（笑）。

# 坂田夏水さんへ10の質問

**❶ 子供のころの夢は何でしたか?**
お医者さんか、獣医さん。人を助けたりすることが好きだったんだと思います。

**❷ 座右の銘は何ですか?**
「やるか? やらないか?……やる!」

**❸ 行ってみたい国、街ベスト3は?**
1位はエジプト、2位はギリシャ、3位はパレスチナ。

**❹ 自分の性格で一番自慢できるところは?**
楽観的なところです。それに助けられているところも多いかも。何でも、どうにかなるさと思えるところ。

**❺ リフレッシュはどうやってしますか?**
子供たちと公園に行く、料理をする。公園は東京でもよく行っていましたが、いまはパリの町を探検に出て、新しいものを見つけるのが楽しい。

**❻ 仕事をする上で大切にしていることは何ですか?**
この仕事が終わった後も、人としてずっとお付き合いできる人かどうか、を見極めること。

**❼ 駆け出しの頃に役に立ったアドバイスは何ですか?**
独立した時、自分の仕事には責任を持て、失敗してもお前の責任だよって言ってくれた厳しい人がいました。工程が間に合わないのも、お金が間に合わないのもお前の責任だと。一人で仕事をしても、お客さんが満足できなければ私の責任って思えたし、それが糧になって次のお客さん、次の現場、とお付き合いが続いたので。

**❽ 海外で仕事をするときに大事なことは何ですか?**
へこたれないこと。日本では工程もお金も人間付き合いも自分でコントロールできたんですが、文化の違いもあって、自分で管理できないことだらけなんです。それでも適宜諦めて、へこたれないこと。

**❾ 世の中にもっとあってほしいモノは何? 減ってほしいモノは何?**
日本の古き良きものは残ってほしい。減ってほしいものは100円ショップと安い飲食店。文化を残すことの逆を行っている気がします。

**❿ 明日やりたいことは何?**
子供たちと新しい探検に出かけたい!

# 坂田夏水 *Natsumi Sakata*

1980年福岡県生まれ。武蔵野美術大学建築学科卒。設計事務所、工務店、不動産会社を経て、2008年、内装デザインの会社、夏水組設立。2013年にDecor Interior Tokyoの前身となるDIYショップをオープンし、2016年にDecor Interior Tokyoを始める。3社の代表で二児の母。2022年渡仏、パリ6区サンジェルマン・デ・プレにて菩藍堂をオープンした。

Text：magbug　写真協力：夏水組

水野仁輔さんと行く

# パリ、トルコ スパイス＆ハーブの 魔法を解く旅

旅する料理研究家、水野仁輔さん。世界各国
のスパイス料理からヒントを得て、オリジナル
のレシピやメソッドを考案。ブームとなった
「スパイスカレー」という言葉も作った。「スパ
イスの魅力は、僕にとっては『香り』そのもの。
香りによって想像のできない自分に出会えるか
もしれない」。パリ、イスタンブール、ブルター
ニュ。スパイス＆ハーブをめぐる冒険の始まり！

# スパイス & ハーブの
# 魔法を解き明かす

## スパイスカレーの次に来るものは何か?

　スパイスやハーブを求めて世界を旅する水野仁輔さん。日本各地で開催されるイベントの出張料理や「カレーの学校」の講義、スパイスを販売する株式会社エアスパイスの経営など、その活動は多岐にわたる。その目的はカレーの店を持つことではなく、美味しいカレーをみんなが簡単に作れるようにカレーのレシピのオープンソース化を図ること。いわば、日本のカレー界のエバンジェリスト。

　水野さんが手がけたカレーにまつわる本は70冊以上。とりわけ、これまでルーで作るカレーが一般的だった日本で、2010年に『かんたん、本格! スパイスカレー 3つのスパイスからスタート。』を出版、言葉としての「スパイスカレー」を定着させた。

## スパイス料理の3つの要素

　水野さんのスパイス料理にはカルチャー、サイエンス、クリエーションという3つの要素がある。

　「カレーで言えば、現地に行くとインド人はこうやってカレーを作っているというのがカルチャー。調理科学的な理論で紐解かれるのがサイエンス。世界の料理が陥りやすいのはカルチャー至上主義。現地の人がやっていることが一番偉いとされる。でもサイエンスに裏付けされた作り方もある。これまでの僕はカルチャーとサイ

エンスをとことんやってきました。そろそろ50代。独自のクリエーションをやってもいいのかなと思っています」

## 初めてのトルコはザ・ハーブスメンと

　水野さんはここのところ、ハーブに惹かれている。ハーブ好きの仲間たち「ザ・ハーブスメン」と毎月1回千葉の農園Kiredoで旬の野菜とハーブで料理することを、もう2年続けている。そのメンバーでハーブ料理の探求のためトルコに行ってみようと計画していて、今回の旅でそれが実現した。トルコは東西の文化の交差点でもあるし、ケバブをはじめとする肉料理に使うすごいスパイスがあるんじゃないかという仮説も立てた。さて結果はいかに?

## 憧れのスパイス調合の達人に会えるか?

　「僕はサイエンスが浸透しているフランス料理が一番好きでフランスには頻繁に行っています。フランスはたぶんミックススパイスが世界一多い国」だという。

　フランスと言えば水野さんには、かねてから尊敬してやまないスパイス調合の達人シェフ、オリヴィエ・ロランジェさんがいる。スパイスとハーブを効かせた料理でレストランを3つ星にまでして閉め、今は生まれ育ったブルターニュの海辺の街で、スパイスの調合だけを続けているロランジェさん。そのスパイスの店「エピセ・ロラ

ザ・ハーブスメンのメンバーでトルコへ

カレーの学校

日本各地で出張料理

ンジェ」は、水野さんがパリに来ると必ず
訪れる場所でもある。
　「今回、自宅のアトリエでお話を伺えると
あって、本当に楽しみで仕方がありません。
彼がどんなアプローチでスパイスの調合

をしているのか、クリエーションの秘密を
知りたいと思います！」
　水野さんの好奇心と探究心に満ちた瞳
が輝く。スパイス & ハーブの魔法を解く
旅が始まる。

# Research of Paris

パリ オペラ地区

● エピス・ロランジェ

## PARIS
パリ

パリ6区
サンジェルマン・
デ・プレ

● コンパニー・フランセイズ・
デ・ポワヴル・エ・エピス

## パリ

### パリ6区 サンジェルマン・デ・プレ

セーヌ川左岸のエスプリを代表する、活気あふれる地区。サンジェルマン大通りから分岐する小路・ビュシ通りには常設マルシェがあり、レストランも多く並ぶため、周辺には食材店などグルメ関係の店も多い。

### コンパニー・フランセイズ・デ・ポワヴル・エ・エピス

サンジェルマン・デ・プレ教会の裏手、ドラクロワ美術館隣の美しいフュルストンベル広場に面したエピスリー（スパイス店）。昔ながらの薬草店とオートクチュールの香水店の間のようなたたずまい。オリジナルのミックススパイスも豊富。

### パリ オペラ地区

1875年に建設されたオペラ座ガルニエ宮から真っ直ぐ伸びるオペラ通りと、オペラ座裏のオスマン通りを中心とした地区で、2区と9区をまたぐ。日本食店や日系の店舗・企業が多いエリアで、オスマン通りにはギャラリー・ラファイエットやプランタンといったデパートがある。

### エピス・ロランジェ

元ミシュラン3つ星シェフ、オリヴィエ・ロランジェさんによるスパイス店。カンカル、パリのオペラ地区、サン・マロの3ブティックに、ロンドンを含め25の直売所あり。パリ店には「バニラの洞窟」と称した地下の保管庫がある。

## T u r k y

イスタンブール

エジプシャン・バザール ●● デラリエ

## T U R K Y
### トルコ

● OD ウルラ

アラチャトゥ

スパイス&ハーブ

## B r e t a g n e

カンカル

モン・サン＝ミシェル

## BRETAGNE
### ブルターニュ

# フランス ブルターニュ

## モン・サン＝ミシェル

フランス西海岸、サン・マロ湾上に浮かぶ小島および
その上にそびえる修道院。カトリックの巡礼地として
名高いユネスコ世界遺産。潮の干満により陸から歩
いて渡れたり海に浮かんだりと環境が変化する。

## カンカル

フランス・ブルターニュ地方、サン・マロ湾沿いの港町。
モン・サン＝ミシェルの西側対岸にあたり、車で1時
間ほど。国王フランソワ一世が愛したカキが特産で、
魚介料理のレストランやオイスターバーが建ち並ぶ。

# トルコ イスタンブール

ボスポラス海峡がアジアとヨーロッパを分岐し「東西文
明の十字路」と呼ばれるトルコの一大都市。スルタンア
フメット地区（旧市街）には数々の帝国時代の文化的影
響が色濃く残り、ビザンチン建築のアヤソフィア、古代
ローマ時代の遺跡ヒポドロームなど観光名所も多数。

## デラリエ

トルコの文化遺産と言われるオスマン帝国の宮廷料
理レストラン。さまざまな文化がまじりあった傑作の
レシピが受け継がれている。時の皇帝スルタンにふ
さわしいメニューを堪能できる。

## エジプシャン・バザール

シルクロードを通じ世界中の香辛料が集まった「いに
しえのスパイス大国」トルコを体現する、別名「スパイ
ス・バザール」。17世紀後半に建てられたイェニモスク
の一部を改造して屋内市場として設営。市街ではグラ
ンドバザールに次いで大きい。観光客向け。

## トルコ アラチャトゥ

トルコ西部、エーゲ海地方のリゾート地。イスタン
ブール、アンカラに次ぐ第3の都市イズミルから車で
1時間ほどの小さな町で、ターコイズブルーの海と白
い砂浜、白壁と色鮮やかな窓枠のギリシャ風建物が
並び、フォトジェニックな町として人気。

## OD ウルラ

アラチャトゥから車で30分ほどのウルラにある新鮮
なハーブを使った人気のレストラン。ハーブをはじめ
とした野菜は畑から直送、地元の食材と魅力的なレ
シピで新しい食体験を提供してくれる。

39

# パリのトレンド、
# 最新のミックススパイスを探す

## スパイスの魔法がパリの街に

2022年、夏。水野さんがやって来たのは美食の街、パリ。パリでは料理にスパイスと素材のマリアージュを求めるトレンドがあり、街にはスパイス調味料が続々と登場。その需要はコロナ前の1.5倍だという。

「日常にスパイスをひとつまみ、それだけで毎日が華やかで陽気なものになる」

パリの人たちはそう言い「La magie des épice（スパイスの魔法）」という言葉も生まれた。

水野さんが最初に訪れたのは、パリでもとびきりエレガントと評判のスパイス店。パリ6区のサンジェルマン・デ・プレ教会近くにある、Compagnie Française des Poivres et des Épices（コンパニー・フランセイズ・デ・ポワヴル・エ・エピス）。店内には缶に入れられたスパイスが30種類以上並ぶ。

「店に入った途端、香りがすごいですね。雰囲気がスパイス店というよりヨーロッパの昔の薬局って感じですか？　行ったことはないけど（笑）」

店内を見わたして、水野さんが足を止めたのはミックススパイスのコーナーだ。

「スパイスは単体で使うより、何種類か混ぜたほうが料理や素材にいい影響があるんですよね。僕は自分の刺激になるようなミックスを見つけたい。あ、これは色も香りもパプリカの香ばしさがメイン」

Poulet Rôti（プレロティ）と書かれたミックススパイスには、パプリカ、タイム、オレガノ、コリアンダーなど12種類がブレンドされている。これをひと振りすれば、フランスの伝統的なローストチキン（本来は塩胡椒とハーブのみの味付け）ができあがる。

## ミックススパイスが面白い

店内を見渡していた水野さんはLe NIPPON（ル・ニッポン）というラベルの缶を見つけた。

「クミン、コリアンダーなどのスパイスに加え、ワサビが入っています。違和感がありますか」と心配顔のお店の方に、「そんなことはありません。別の国の人がある国のエッセンスからインスピレーションをもらうと、想像もつかないものができるという良い例だと思います！」ときっぱり。

Jules Verne（ジュール・ヴェルヌ、『海底二万里』の著者）という缶には、レモンやオレンジの皮が入っていて、魚介にぴったりなミックスも、水野さんの嗅覚を刺激したようす。

「パリにはミックススパイスが圧倒的に多い。香水文化がある独特のセンスを感じます。無限の可能性がありますね」

この店のスパイスはみな同じ缶に入っている。スパイスは紫外線に弱いため紫外線を遮断する缶は理にかなっている。

「彼らが面白かったのは、フレーバーホ

イールを独自に作っているところ。コーヒーとかチョコレートとかワインとか、『なめし革のような』とか『土っぽい』とか、イメージを共有するための言葉を円グラフにしたものがあるんですよ。スパイスの世界にはまだホイールがないので、僕もスパイスの香りのオリジナルの表を作っています。嗜好品は感覚の世界だから、指標がないとコミュニケーションがとれないんです」

　もうひとつ、この店で感心したことがあ

る。オリーブの種の中の芯が種ごと捨てられているのが勿体ないと、オリーブの種の芯だけを砕いた商品があったのだ。

　「ほんのり酸味があって、乾燥させているから砕いたナッツに近い風味。サラダとか、いろんな料理に使える。こういう独自に、世の中でスパイスと言われているものとは違うものを商品にしているのはすごいなと。それが一番驚きました」

# イスタンブールで肉を極上に変える
# スパイスを探す

## トルコの国民的スパイス、ケキッキ登場

　トルコの中心都市、イスタンブールでは、水野さんは「肉に合う究極のミックススパイス」を開発すべく、まずは街のケバブ店で調査を始めた。

　「フランス、中国と並び、トルコ料理は世界3大料理のひとつ。ケバブのイメージしか無かったけれど、実は魚介料理もたくさんあって、多様性がありますね」

　ケバブ自体も、行ってみて発見があった。

　「肉料理を生かす、すごいミックススパイスを使っているのかと思ったのですが、シンプルに塩胡椒が定番。肉自体、そんなにクセが強くもないんです」

　しかしそこに国民的ハーブが登場！　ケキッキだ。ほろ苦く爽やかな香りで、トルコではオレガノの一種として海外にも輸出されている。香りを立たせるため、手のひらでつぶして振りかけるのがコツ。

　「日本の食堂でテーブル胡椒が置いてあるように、プルビベルという唐辛子の粗挽きとドライミントが置いてあり、頼むとケキッキが出てくるという感じです。肉の脂っぽさを和らげ、旨味を引き出してくれます」

　このケキッキ、水野さんはレストランで質問したり、文献も調べたが、オレガノともタイムとも言われているという。

　「結局、植物は交配を繰り返すので、ケキッキも多種多様でどちらとも言えない。とにかくトルコ料理はシンプルでスパイスも単体で使っていることがわかりました」

プルビベルをかけて

これがケキッキ

ケキッキは手ですりつぶす

## Mission 3

# 世界的ハーブの産地アラチャトゥで
# ハーブづくしを体験

**ハーブをふんだんに使った設計が面白い**

　トルコ西部のエーゲ海沿岸の街、アラチャトゥ。かつてギリシャ人が築いた石畳の街の最大の魅力は、ハーブ。ここはハーブの世界的産地なのだ。水野さん、料理仲間のザ・ハーブスメンの4人（中東料理研究家のサラーム海上さん、スパイスバイヤーのジャンカール・ノグチさん、ハーブ野菜農家の栗田貴士さん）でマーケットへと繰り出した。

　「訪れた街のマーケットは必ず行きます。毎日行ってはご飯を食べたり。とにかくアラチャトゥの市場は新鮮なハーブ、野菜、果物がどっさりでした」

　ハーブガーデンで150種類以上を育てているという人気のレストラン、OD Urla（OD ウルラ）へ。供された料理はエーゲ海産スズキのタルタル。

　「スズキの上に載っていたオイスタープラントというハーブが面白かった。カキの香りがするんです。それが入ることで海の風味が増します」とサラームさん。

　次に水牛のチーズにカラスミとハーブを添えた一皿が。散らした自家製ハーブはナスタチウム、からし菜、しそとハーブづくし。

　「香りの違うハーブを1枚ずつ、チーズと合わせて楽しみます。そのハーブの違いで、食べるごとに味わいが変わる。面白い設計ですね。生のケキッキ、ミントの香りがとくに素晴らしかった」

　毎年4月にハーブフェスティバルがあるので、ぜひまた来たいと思う4人だった。

ハーブどっさりの市場

ハーブのグリーンオイル、
ハーブで作ったマヨネーズも合わせたスズキのタルタル

## Mission 4
## 皇帝が愛した宮廷料理からヒントを得る

### オスマン帝国の宮廷料理に舌鼓

　トルコならではのスパイス料理を求め、水野さんたち一行は、再びイスタンブールへ。500年以上前から受け継がれているオスマン帝国時代の宮廷料理があるという。オスマン帝国は13世紀の終わりから、地中海を中心にヨーロッパ、アフリカ一帯の広大な領土を支配していた。時の皇帝・スルタンに献上された宮廷料理には、支配地域から取り寄せられたスパイスやハーブがふんだんに使われていた。それらを集められることは富の象徴でもあったわけだ。

　宮廷料理のレストラン、Deraliye（デラリエ）は、当時の調度品と現代のセンスを融合させた洗練された空間。

　まずスルタンが愛した赤いドリンク、「シェルベット」が振る舞われる。

　「トルコの夕陽の色。ピリピリ来ます」

　と、水野さん。シェルベットはアラビア語で「飲む」という意味。「シャーベット」の語源でもあるそうだ。ドリンクの中身は砂糖、シナモン、クローブ、レッドペッパーが。皇帝が力強く健康であるためにと、生み出された料理のひとつだ。

　続いて「アーモンドのスープ」。

　「こくのある甘みのなかに、ナツメグの香りが食欲をそそりますね」

　やっと本格的にスパイスが使われている料理が現れて、水野さんは嬉しそう。

　いよいよメインの肉料理。「帝国の最盛期を築いた偉大なるスルタン・スレイマン一世が最も愛した料理」と説明されて運ばれたのは「メロンのドルマ」。

　この料理は、メロンをくりぬき、ソテーしたメロンとラム肉と米を詰め込んだ贅沢

髭が印象的な総料理長のクッキングショー！
完成した「メロンのドルマ」に思わず拍手

な一皿だ。

「すごく良い香り。完全に予想外で、今日一番美味しい。メロンとレッドペッパーはこんなに合うのか！」

## 活躍していたスパイスはシナモン

現地ではやや興奮気味だった水野さんはこの料理を振り返ってこう語る。

「メロンの甘い果汁が加熱とスパイスによって旨みの強いソースになる。それが面白かったです。スパイスのなかでは、シナモンが活躍していました。ホールの状態ではなく、粉にしたものを結構たくさん入れていたように感じました」

実際にオープンキッチンで、総料理長のネジャーティー・ユルマズさんにスパイス使いを解き明かしてもらう。

「ドルマに使うスパイスは5種類。シナモンはわずかな量で肉の味を最大限に引き出すことができます」

深くうなずく水野さん。

「従来の僕はスパイスそのものを楽しむような感覚が強かったのですが、穏やかさのなかにハーモニーを醸すというか、効かせたいスパイスの主張がちゃんと入っている。それは自分に足りなかったところで、とても勉強になりました」

## 唐辛子のうまさに目覚める

結局トルコは、水野さんが想像していたほどはスパイスを使わない国だった。

でもひとつ、大きな収穫があった。唐辛子自体がおいしいことに気づいたのだ。

「僕の感覚では唐辛子はスパイスなので香りと辛さをつけるアイテムだと思っていました。前提として、スパイスは味付けという作用がない。胡椒もクミンもコリアンダーもカルダモンも味を付けない。でも、この唐辛子はこれ自体がうまかった」

その後、この年の11月にはバスクに行って、バスクのエスペレット唐辛子を試し、翌年は唐辛子の原産地のペルーへも出かけた。

「個人的には唐辛子との出会いがトルコでは大きかった」と水野さんはまとめた。

左から「シェルベット」「アーモンドのスープ」(下)
「メロンのドルマ」(上)「ブドウの葉のサルマ」

## Mission 5

# 再びパリへ。
# 世界最高峰のブレンド術を大調査！

**ブレンドの魔術師、エピス・ロランジェ**

　水野さんには長年憧れている、伝説のスパイス調合師がいる。それがミシュラン3つ星のシェフ、オリヴィエ・ロランジェさん。スパイスを独創的に合わせ、料理界をどよめかせた彼は、今はシェフを引退し、スパイス調合師としてオペラ地区ほかにÉpices Roellinger（エピス・ロランジェ）というスパイスの店を構えている。

　「和食屋やラーメン屋が立ち並ぶ一角にまったく異質な趣である店です。ここにだけずっと通い続けていて、行くとたくさん買って帰ります。もう40種類くらいは買いましたね。これが衝撃的にすごい、というものには出会っていないですが、主にミックススパイスを買います。『金のパウダー』『風のパウダー』『オデュッセウス』など、ラベルに書かれたタイトルは詩的で、どんな香り

なのか想像がつかないものばかり。わくわくします」

**詩的で素敵なスパイスのタイトル**

　とりわけ水野さんが衝撃を受けたのは、「忘れられた宝」という名のミックススパイス。店の人が説明してくれた。

　「ロランジェが住むブルターニュの海には、大航海時代の船が数多く沈んでいました。その船の中に残っていた日誌があり、貿易していたスパイスのリストがあったのです。ロランジェは300年以上海に沈んでいた船、そこに眠っていたスパイスをイメージして調合したのです」

　その緑色のミックススパイスには、花椒、ペッパー、ナツメグ、海藻（昆布と海苔）が配合されていた。

秘密の地下保管庫へ

むしろ骨董品? ウガンダ産のバニラ

目当てはミックススパイスのみ

## 地下室に眠っていたのはバニラ

店の人はさらに、一般に公開していない地下の保管庫へ案内してくれた。

ギィーッと木の扉が開き、秘密基地のような場所に並べられた銀の箱の中には、10〜20種類ものバニラが保管されていた。水野さんはここでの経験をうっとりと語る。

「この世の物ではない物を見ている感覚でしたね。まるで骨董品を集めているような。香りの王様と言われるバニラですが、一つずつ全然香りが違うんです。ニューカレドニア産はきらきらしているし、ウガンダ産は野生的な香りがする。結晶がびっしりと付着しているようなものも。基本、甘い香りではありますが、和食で口にする塩昆布とか、佃煮のようなフレーバーがするものもあるんです」

店の人によると、ロランジェさんはバニラを「彼のシェフ時代の傑作の一皿である『オマール海老のカカオ風味』のソース」に使ったという。

その奇想天外な発想に、水野さんは感動しきり。

「ロランジェさんがどういうアプローチでブレンドに向き合っているのか。それを実際にお会いして聞いてみたいですね」

いよいよ、旅はブルターニュ・カンカルへ。ロランジェさんと対面する。

## スパイスの魔術師ロランジェさんから
## 極上のブレンドの秘密をきき出す

**スパイスハウスへようこそ！**

　天才的シェフであり、今はスパイス調合師であるオリヴィエ・ロランジェさんは、ブルターニュ地方カンカルに住んでいる。パリから西へ車で5時間。中世に築かれた修道院で、大航海時代も数多くの巡礼者が訪れた世界遺産、モン・サン＝ミシェルにほど近い、歴史に守られた港町だ。

　会いたい人に会える喜びでいっぱいの水野さんを、ロランジェさんは笑顔で迎えた。「我がスパイスハウスへようこそ！」

　18世紀に建てられた家屋は蔦に覆われた瀟洒な佇まい。ロランジェさんはここで生まれ育ち、レストランを開いたという。

「もとは貿易商が住んでいたものだったそうで、調度品が海を感じさせるんです。古い船の部品が飾られていたり」

　早速、ロランジェさんの仕事部屋へ。茶色い大きなテーブルにスパイスを入れたガラス瓶が並んでいる。ロランジェさんはそれらを毎朝、1時間嗅ぐという。

「香水の調香師と同じです。鼻を鍛えているんです」

　仕事机の後ろにはたくさんの蔵書が並び、それはよく見る写真と一緒だった。椅子に座ると、ロランジェさんが瓶を手に取り解説する。

「これはマダガスカルの雑草。お父さんの香水って感じがしますよ」

　と、水野さんの鼻に瓶を向ける。

「ほんとだ、お父さんの香水だ」

　ロランジェさん、次は深緑の瓶のふたを開ける。

「私は海のスパイスと呼んでいます」

「わかめ？」

「お父さんの香水」はマダガスカルの雑草でした

「ミックススパイスに海藻を使うのは、海の風を表現したかったからです。風は海の向こうからスパイスを連れてきました。かつてこの地には、アジアなど、世界中からスパイスを積んだ船がやってきました。私はその歴史を調合で表現したかったのです」

**記憶をミックススパイスに閉じ込めて**

ロランジェさんは究極のブレンド方法も教えてくれるという。見せてくれたのは、バラの蕾が入ったミックススパイス。
「これはヨーグルト用です。ヨーグルトと言えば、朝。このミックススパイスを作るとき、イメージしたのは『人生で最も美しい朝』です。眠る子どものところへ母親がやってきて『さあ、起きる時間よ』と、髪を撫でながら起こしてくれる。目を開けると母親の笑顔。それこそが最も愛にあふれ、心震える美しい朝。朝の爽やかさはグリーン・カルダモン、母親の優しさはバラで表現しました」

一つのミックススパイスに込められた懐かしい記憶。感嘆する水野さんを、ロランジェさんは海辺へ誘った。
「私が泳ぎを覚えたのはこの海。初めて海の生き物を捕まえたのもこの海。初恋も。ここは私の人生の舞台なんです。スパイスは音符であり、クレヨンであり、絵の具です。あなた自身の物語をスパイスで表現することもできるのです」

水野さんはその言葉に胸を射抜かれたようだった。
「ロランジェさんのブレンドの秘密がセンスでも湧き上がる情動でもなく、ルーツから紡ぎ出すものだったのは、目から鱗でした。自分もそろそろクリエーションしていかないと」

今回は仮説を遥かに超えた結果。それだけに一生ものの体験となった。

ヨーグルトにかけたスパイスは「Poudre des Bulgares」（ブルガリア人の粉）

# 旅から生まれた
# ミックススパイス2種を紹介！

「スパイスの役割は大きく3つあります。1つ目は、素材の臭みを消す。マイナスをゼロにするんですね。2つ目はその香り自体を楽しむ。3つ目は素材そのものの味を引き立て、そこになかった味を引き出す。これはゼロをプラスにすることですよね。この3つ目の役割を意識して、今回はブレンドしました」

## トルコ旅から生まれた肉に合うミックススパイス

材料（2人分）

【ミックススパイス】
シナモン　2.5g
クミンシード　9g
スマック（梅ゆかりのようなスパイス）2g
プルビベル（トルコの唐辛子。焙煎唐辛子でも可）5g
ガーリックパウダー　2.5g
ケキッキ（オレガノでも可）3.5g

【肉】
ラムチョップ　250g
（他の肉でもおいしく食べられます）

【マリネ液用】
塩（肉に対して1%の比率）2.5g
ヨーグルト　20g

【作り方】

**1 ミックススパイスをつくる**
スパイスをブレンドする。この比率を守っていただけたら、多めに作ることもできます。

**2 マリネ液をつくる**
肉250gに対して1%の塩（約2.5g）、ミックススパイス1%（約2.5g）、ヨーグルト20gで、肉をマリネして2時間ほど置く（一晩つけたらもっとおいしくなる）。肉のグラム数が変わっても、この比率を守っていただけたら、大丈夫。

**3 焼く**
あとは、焼くだけ！

## フランス旅で生まれた魚介を極上に味わうミックススパイス

材料（2人分）

【ミックススパイス】
シナモン　1.5g
ブラックペッパー　5.5g
カスリメティ　4.5g
フェンネルシード　6.5g
ジンジャー　2.5g
かつお節　1.5g

【作り方】

1 ミックススパイスをつくる

この比率を守っていただけたら、多めに作ることも可能です。たこの天ぷらに、お塩の代わりに、このミックススパイスをふりかけてみてください。他にも魚介のマリネにかけても、とってもおいしいです。

・・・・・・・・・・・・・・・・・・・・・・・・・・

「ロランジェさんとブルターニュの海を見ながら、僕にとってのルーツは静岡だと思い出しました。小さい頃、水野家ではかつお節を削るのは僕の役目だったんです。かつお節を削ったり、唐辛子をハサミで切ったり。それは僕にとって幸せな穏やかな香りの記憶です。から、ここにかつお節を入れてみました」

# "ボンベイ"のファンから"カレー"のファンへ

## インド料理店「ボンベイ」が原点

僕は「おふくろのカレーライス」というものの味をあまり覚えていません。母はピアノの教師で、家事は義務感でこなしているタイプ。ただその義務感は強くて、料理自体の味はおいしかったですよ。

僕が食べ盛りになって「量が足りない」と訴えると「足りない分は自分で作りなさい」と言われて、目玉焼きを焼いたりしていました。父親も自分で作ったりできる人でしたね。だから食べることには意欲がある家族でした。新しい店ができたと聞くと、家族で行きました。

## 中学になると小遣いでボンベイへ

生まれ育ったのは、静岡県浜松市。

その町に、僕が小学1年生のとき、インド料理店「ボンベイ」がオープンしたのです。シェフは東京のインド料理店で修行し、インド、パキスタンと放浪しながら現地のカレーを食べ歩いて来た人。まさに本格派です。タンドールがありましたからね。僕の父は昭和の人なんで、子どもの食べたいものに合わせるという発想はなかった。当初、子どもの僕は、食べられそうなものを選んでいました。

ところがこのボンベイに僕はハマっていきました。中学になると、小遣いで一人で通ったし、高校を卒業して東京の大学へ行くことが決まったときには「ボンベイのない生活に耐えられるだろうか」と真剣に考えました。

## 神保町でカレー三昧の日々

僕は上京し、明大前に住むことになりました。ボンベイなき今、代わりの店を探すか、自分で作るかしかありません。とりあえず、渋谷の「マハラジャ」という店でアルバイトし、コックさんに作り方を見せてもらって。ガイド本を買ってインド料理の食べ歩きもしました。

でも春、夏、冬と長期の休みに入ると、浜松に帰ってボンベイを充電していました。大学3年からは神保町に移りましたから、カレー三昧です。とりわけ「共栄堂」に頻繁に行っていました。やがて大学在学中に、ボンベイがなくなり、僕は"ボンベイ"ファンから"カレー"のファンとなっていきます。

食べ歩いていて、いろんなカレーの味を知りました。スパイスの組み合わせの面白さにハマっていったんです。

それにしてもボンベイの閉店はショックでした。閉店前は大行列でした。ずっと後になって、自分の本を出すことになり、北海道・帯広のシェフに会いに行ったら「浜松のボンベイ？ 行ったことありますよ」と言われ、やはりすごい店だったんだと嬉しかったです。

でも雷に打たれるような、あるいはじわじわとくる、あのボンベイのカレーの味は、もう二度と食べられない。僕にとってはあの味がおふくろのカレーの味みたいなものなのかもしれません。あの味を再現しようとは思いません。味の記憶として、刻んでおきたいんです。

## 「スパイスカレー」が大ブームになる

### 僕が会社を辞めた理由

1999年に広告代理店に転職しました。そこでの仕事は割と自由がきいたんです。徹夜もあれば昼間にぽっかり時間が空くこともある。だからサラリーマンをやりながら、出張料理のイベントをして、年に2〜3冊本を出す、というスタイルを続けられたのです。カレーの本はだいたい6月に書店に並ぶので、発売時期から逆算して、1年前から仕込んで出すようなルーティンに変わり、だいぶスムーズに本が出るようになりましたが、当時は暮れからスタートしてバタバタと作っていたので、それも大変でしたね。

43歳のとき、日本のカレーのルーツがあるイギリスに行きたいと思い立ちました。

でも一番下の子どもがまだ小学校に上がる前でした。サラリーマンだし、家庭があるし、長期の旅に出るわけにはいきません。妻に「15年経ったら行ってもいいかな」と言ったら「15年後に行って、そのとき、今得たいと思うものが残っているの？ 今、会社を辞めて、イギリスに行ってくれば」と。それで、会社を辞めてイギリスに行きました。その後、再就職したりしましたが。

### 「スパイスカレー」が大ブームに

僕の仕事が世の中に認知され始めたのは「スパイスカレー」という言葉を使った頃からかもしれません。

2010年に『かんたん、本格！ スパイス

カレー　3つのスパイスからスタート。』と
いう本を出版しました。これがカレー界で
大ブームになった。それまでルーで作るカ
レーが一般的でした。それに対してスパイ
スで作るカレーという意味です。これは出
版前に版元でも大論議になったようです。
「そんな今までにない言葉で伝わるのか」
と。でも今までにないから、一大ブームに
なったのでしょう。

　「今までにないことをやる」というのは僕の
ポリシーの一つです。もう一つ、「メソッドや
編み出したことを片っ端からオープンにし
ていく」というのも、僕のポリシーです。

　カレーには本当に謎が多い。例えば、「な
ぜ玉ねぎをみじん切りにしないといけない
のか」。科学的に調べてみると、玉ねぎは
大きく切ったほうが甘みが残るんです。で
もなぜみじん切りにするのか、という疑問
を投げ掛けても、誰も教えてくれない。そ
の疑問をもつ人たちみんなが、情報を出し
合えば、謎は早く解明されるはずです。

## カレーのレシピのオープンソース化

　もちろん、レストランのシェフは自分の
店のレシピを公開したがりません。同じこ
とをされて同じ味を作られたら、客を取ら
れるという発想です。しかし同じように作っ
ても、調理の仕方や素材の違いで、同じ味
にはならない。こだわる人たちは「同じに
味になってるかな」と、店に足を運ぶでしょ
うし。

　そういう意味で情報を公開すること、つ
まり「オープンソース」に賛同してくれるシェ
フも増えました。プログラミングの世界で
は、コードをオープンにすることが当たり前
でしたから。カレーだって同じです。カレー
を出すレストラン全体のレベルも底上げさ
れるはずです。秘密にされてるものをほじく
り返すより、「もっと美味しい」を前向きに作
りだすという方向にいく。そういう流れを実
感しています。

# カレー屋さん以外でカレーでメシを食う

## ポジションは変わらない

よく聞かれるのですが、僕はカレー屋さんをやりたいと思ったことは1回もないし、これからもない。

2016年に毎月スパイスとレシピを宅配するサービス、「AIR SPICE」を始めましが、そこにもスパイスの配合のレシピを明記しています。「こんなの書いてしまったら、次から買わないでしょ」という人もいますが、これにこれを足したら、もっと美味しくなったよ、という情報を公開してもらえたらそのほうがいいんです。コロナ禍で「教えてください」という人たちが来て、類似品がいっぱい出ました。お客さんを取られているかもしれないけど、買う人がいなくなったら閉じればいいし。

この「オープンソース」方式で、インターネットの世界は加速して進化しました。みんなで前に進めば、そのほうがいい。

そして「オープンソース」化しても、まだまだカレーやスパイスの世界には謎がいっぱいあって、そういうものに向き合って好奇心を掻き立てられ続けていて。それに向き合っていると、結果的に、いくらかのお金にはなっている。「カレー屋さん以外でカレーでメシが食えているのは水野さんだけ」と言われますけど、確かに唯一無二かもしれません。そして僕がいるポジションは、昔も今も、変わっていないんです。

## 「note」で小石を投げてみる

最近「noteを読んでいます」と言ってくれる人が増えました。

「オープンソース」の場の一環として使っているのがnoteです。ある種の問題提起（「カレーの問題」「カレーの秘密／シェフ」）をして、答えが導き出せないままにしておくと、いろんな人がいろんな答えを出してくれる。

つまり、僕は水面に小さな小石を投げる行為をしているわけです。そこで波紋が拡がる。ビジネスになるならないはどうでもよくて、その波紋を見届けて、次の小石を投げる。波紋の先で出てくる商売をする人や有名になる人のことにはあまり興味がありません。僕自身、次の小石を投げたい。広がっているのを見届けて次に行きたいんです。

## 利きスパイスをやってみて

スパイスの世界はまだまだわからないことがたくさんあります。日本でカレーが食べられるようになって150年。国内で入手できるスパイスのブランドもずいぶん増えましたが、どこのブランドがどういう特徴があるとか、誰も調べていなかったんですよね。

それで、信用できるシェフや香料メーカー、貿易商で輸入している人、ミックススパイスの開発に携わる専門家たちと6人で、クミン、カルダモン、チリといったスパイスの固有の品種をそれぞれ15ブランドずつ集めてきてテイスティングしてみたんです。

どこのブランドがどんな香りで、品質はどうだとか。きっと買おうとする人たちも「どれがいいんだろうな」と不思議に思ったことがあると思う。

## スパイスの冊子を作る

だけど誰もやったことがない。誰もやった

ことはないけれど、集めてきて、ひとつずつ嗅げばできることなんですよね。

テイスティングをしてみていろいろ発見がありました。それで、これをスパイス一種類ずつ自費出版のレベルで冊子化していこうと思っています。

スパイスカレーに使う主なスパイスである「カルダモン」「クミン」「ターメリック」「チリ」……。それを1冊ずつ。300部とか500部のレベルだと思うし、全部売ってプラマイゼロ、という感じだと思うんですが。

ただ、こういう誰もやらないことをやっていると、別の仕事が来たりするんです。そのもののビジネスではなくて。マイナス、マイナス、プラス、っていう感じで、大きなサイクルで見たら回っている。それが僕のやり方なんです。

ザ・ハーブズメン。右から栗田貴士さん、シャンカール・ノグチさん、1人おいてサラーム海上さん、そして、水野さん

# スパイスを求めて世界を旅する

### 好奇心、本質的、誰もやっていない

結局、僕が大事にしていることは、自分の好奇心が向いているかどうか。それが本質的なものかどうか。そして、誰もやったことがないことかどうか。その3つなんです。誰もやったことがない、と思うとモチベーションが上がるんですよね。

「それを何でやるのか」「何のためにやるのか」。それを自分に問うて、「お金のため」「知名度のため」なら、断っています。だからテレビもなるべく出ないようにしているんです。

毎年インドにカレーを食べに行くという人はいても、スパイスとかカレーを求めて世界を旅している人って他にいない。それが、僕のライフワークなんです。

### ハーブカレーの次は街中華カレー?

スパイスカレーはここ5年で盛り上がった。そこでスパイスカレーからそろそろ足抜けして『ハーブカレー』という本を出しました。周りの人たちからは「世の中全体が盛り上がっているんだから、そこから刈り取ればいいんじゃないの。もったいないよ」と言われるんだけど、僕は次のことをやりたい。スパイスカレーにかまけているうちに誰か他の人が「ハーブカレー」って言い出したらどうするんだ！って(笑)。

次の石の「ハーブカレー」は、玉ねぎは炒めない、スパイスも合わせずカレー粉でいい、長時間煮込まないという新しいレシピです。

そして実はその次も考えているんです。それは中国にはない、日本の中華料理屋さんのカレー。素材、スパイス、スープがあるとあっという間にできる。中国料理の分解と再構築の素晴らしさを整理して、新しい手法として提案したいですね。

彼方にモン・サン＝ミシェルが見える

# 水野仁輔さんへ10の質問

**❶ 子供のころの夢は何でしたか?**

名探偵になりたかったです。小学校の卒業アルバムにも、そう書いてある。江戸川乱歩の少年探偵団シリーズを読みまくっていて、明智小五郎に憧れていましたね。

**❷ 座右の銘は何ですか?**

「あったらあったで。ないならないで」。口癖のようなもの。一般的な言葉で言うなら「人間万事塞翁が馬」ということでしょうか。

**❸ 行ってみたい国、街ベスト3は?**

唐辛子の産地をめぐっているので、イタリアのカラブリア州。あとはやはりスパイスの豊富そうな南米のガイアナ共和国。カリブ海に面していて人口の4割がインド人なんです。それから東アフリカ諸国。

**❹ 自分の性格で一番自慢できるところは?**

自慢できるかどうかわかりませんが、好奇心旺盛なところでしょうか。好奇心だけはなくなる気配がありません。好奇心を失ってしまったら、やることがなくなるでしょう。

**❺ リフレッシュはどうやってしますか?**

活動自体が全てリフレッシュなので、リフレッシュしようとする必要はありません。あえて言うなら、仲間としゃべることかな。

**❻ 仕事をする上で大切にしていることは何ですか?**

常に自分自身に「これは本質を追求していることなのか」「何のためにやっているのか」を問いかけること。

**❼ 駆け出しの頃に役に立ったアドバイスは何ですか?**

直接会ってはいないのですが、写真家の森山大道さんがある美大での講演で「質より量」とおっしゃっていた言葉です。まず量で、そこからやっと質だと。それは僕の仕事にも当てはまると思います。

**❽ 海外で仕事をするときに大事なことは何ですか?**

自分の目で見て体験して感じること。

**❾ 世の中にもっとあってほしいモノは何? 減ってほしいモノは何?**

あってほしいのは豊かな自然。減ってほしいのは犯罪。

**❿ 明日やりたいことは何?**

さっき財布を忘れてお金を払えなかった、共栄堂にカレー代を払いに行きたい!

スパイス&ハーブ

# 水野仁輔 *Jinsuke Mizuno*

1974年静岡県浜松生まれ。明治大学卒。「AIR SPICE」代表。「カレーの学校」校長。1999年に立ち上げた「東京カリ〜番長」として全国各地へ出張し、1000回を超えるライブクッキングを実施。カレーの世界をより オープンにするために、さまざまな情報や考察をせっせと公開するカレーに関するスペシャリスト。

写真協力:水野仁輔 photo:広川智基 text:森 綾

高野のぞみさんと行く

# ロンドン
# 幸せの花束を
# めぐる旅

花の本場、イギリスでフラワーデザインを学び、
ロンドン屈指の人気店で修行を積んだ経歴を
もつフローリスト、高野のぞみさん。新たな花
の世界を探ろうと、8年ぶりとなるイギリスへ。
最先端の花の演出、懐かしい人との再会、トレ
ンドの花束。憧れのアーティストとの共作——
刺激に満ちた花束をめぐる旅が始まります。

## *Mission of Flower Arrangement*

# 自然そのものを
# 愛する気持ちを花束に

### 身近に花があるイギリスの日常

　花のトレンド最前線の国、イギリス。自然そのままの美を追求した伝統のイングリッシュガーデンに人が憩い、18世紀から続くキュー王立植物園は、植物研究の中心地であり、世界中の珍しい植物に出会える。ウェディングブーケを広めたのもイギリスで、1840年のビクトリア女王の婚礼がきっかけだと言われている。

　街角では、店のショーウィンドウをはじめ、アート作品のような斬新な花のインスタレーションに出会うことも多い。そんなイギリスに暮らす人々は、日々の生活にも花を欠かすことがない。金曜日の夕方になると、週末を彩る花を求める人であちこちの花屋が賑わう。

### ロンドンで語学とフローラルデザインを学ぶ

　この花の本場で2008〜2015年、フローリストとしてのキャリアを積んだのが、高野のぞみさん。ロンドンで語学とフローラルデザインを学びながら、花屋で修行を積んだ。帰国後は独立して仕事を広げ、専門誌主催のコンテストではグランプリを受賞した実力者だ。

　高野さんのフラワーアレンジメントは、花や葉の姿を生かし、遊び心を加えたデザインが特徴的。自然へのリスペクトにあふれ、見る人を惹きつける。

　「自然そのものを愛する気持ちにつながるような花束を作りたい」と語る高野さん。新たな花の世界を探るため、8年ぶりにイギリスを訪れた。

### 旅の始まりはコロンビアロードの花市場から

　「ロンドンは刺激的なところなので、自分をリニューアルさせたい」と語る高野さんが最初に訪れたのは、ロンドンの花市場、コロンビアロード・フラワーマーケット。毎週日曜にストールと呼ばれる50以上の露店が立ち並び、切花や植木、苗などが市販の価格より少し安く販売される。ヨーロッパをはじめ世界中の新鮮な花が集まるとあり大人気。毎週、通りが人と花であふれかえる。

　イギリスにいた当時、高野さんも日常で使う花を求めて何度もこのマーケットに足を運んだという。今回訪れたのは真冬だったが、市場には色とりどりの花が。「もうピオニー（牡丹・シャクヤク）が出てる！」と、初夏の花を見つけて驚く高野さん。

　花を買い求める人を見て「みんなやっぱりミモザを買っています。ミモザは香りもいいし、この時期限定ですから」。ヨーロッパではミモザは、春を告げる太陽の花として特に人気がある。

　「花を抱えている人たちは、みんな嬉しそう」

　そこには昔も今も変わらず、花が人を幸せにする光景が広がっていた。

種類が豊富！ 各国からのチューリップ

賑わうコロンビアロード・フラワーマーケット

幸せの花束

春を告げるミモザ

ドライフラワーも定番に

デザイン・バイ・ネーチャー

イズリントン

ダンスク・フラワーズ

グレースアンドゾーン

マックイーンズ・フラワースクール

コロンビアロード・フラワーマーケット

フロラティカ

UNITED KINGDOM
イギリス

ロンドン

ピーターシャム・ナーサリーズ

リッチモンド

LONDON
ロンドン

## ロンドン

### コロンビアロード・フラワーマーケット

イギリス・ロンドンのイーストエンド、コロンビアロードで毎週日曜日（朝8時〜昼2時）に開催される花市。地上ホクストン駅から徒歩10分、地下鉄オールド・ストリート駅から徒歩20分ほど。露店形式で生花、鉢植え、木などの花や植物が卸値価格で販売される。周囲にはカフェや雑貨店などがあり朝から賑わう。

### グレース アンド ゾーン

コロンビアロードの北端に位置するフローリスト。オーダーメイドの花束やブライダルブーケの販売はもちろん、アレンジメントやテラリウム制作を教えるワークショップも開催。花瓶、花器やキャンドルなど雑貨も販売している。

## フロラティカ

ロンドン塔付近に2020年開業したホテル「キャノピー by ヒルトン・ロンドン・シティ」の屋上11階テラスバー。テムズ川と市内の絶景、またオリジナルカクテルが自慢の店で、内装は全体に花を意識。天井は花のインスタレーションで埋め尽くされ、眼下と天井双方から目を楽しませる。

## マックイーンズ・フラワースクール

1991年ロンドンで開業し、NYやソウルにもアトリエを持つ有名生花店「マックイーンズ・フラワーズ」が1999年にロンドンに開いた学校。プロ・アマ問わず花にまつわるレッスンを施し、多くの達人を生んでいる。

## リッチモンド

ロンドン南西部のリッチモンド・アポン・テムズ・ロンドン特別区にある郊外の町。ウォータールー駅から電車で20分。おしゃれな高級住宅地として名高く、リッチモンド公園や、川沿いのレストラン、伝統的なパブなどが多数存在する。16世紀にヘンリー7世の居であったリッチモンド宮殿に由来。

## ピーターシャム・ナーサリーズ

リッチモンド公園とテムズ川の間にあるロンドン随一の広大なガーデンセンターで、ティールーム、イタリアンレストラン、ライフスタイルショップを併設。施設内のイングリッシュガーデンでは多種多様な植物が育てられている。

# L e w e s

ロンドン

EAST SUSSEX
イースト・サセックス

ルイス

## イズリントン

ロンドン北部、地下鉄エンジェル駅から北に延びるアッパーストリートを中心にしたエリア。水曜・土曜に開催されるカムデンパッセージ・アンティーク・マーケットが若者や趣味人に人気。そうした商業区域と、ビクトリア様式の住宅や閑静な裏路地とのコントラストが美しい町。

## ダンスク・フラワーズ

アッパーストリートのセント・メアリー教会隣で2000年から営む生花店。08年にはセント・ジョンズ・ウッド店もオープン。世界中から仕入れた豊富な種類の花で、生き生きとした花束を作ってくれる。オンラインショップもあり、ロンドン市内へのデリバリーが可。

## デザイン・バイ・ネーチャー

エミリー・エアーズのショップ兼アトリエ。クリエーターが集まるフロレンティアクロージングビレッジ内にある。キングストン大学で美術絵画と彫刻を学んだ後、アーティストの元で10年間働き、2017年に独立。ドライフラワーを使ったフローラル・アーティストとして注目されている。

## ルイス

イギリス南東部、イースト・サセックスの小さな町。ロンドン・ビクトリア駅から電車で1時間ほど。付近にはサウス・ダウンズ国立公園があり、隣接する海岸の町ブライトンと共に、ユネスコの生物圏保護区に指定されている。アンティークの町として有名で、ルイス城址の門やヘンリー8世ゆかりの屋敷など、歴史を感じさせる建物も多い

## ルイスアンティークセンター

地下1階、地上3階の4フロアに所狭しとアンティークグッズが並ぶ。生活用品、装飾品などジャンルも多岐にわたり、足しげく通うプロハンターも多い。この店のあるクリフ・ハイストリートには、他にもアンティークショップが数軒連なる。

# 最新トレンドの花束、
# ジャンピングブーケをチェックする

## ロンドンで一番クールな花屋へ

　高野さんが次に訪れたのは、コロンビアロードの近くにある花屋 Grace & Thorn（グレース　アンド　ソーン）。斬新なアレンジで知られ、ロンドンで最も「クール」だと言われる注目の花屋だ。

　今回の旅の目的のひとつは、今ならではのスタイルに出会うこと。フラワーデザインは同じ花を使っても、組み立て方が変われば、スタイルも変わる。

　ロンドンには個性的な花屋が多く、各店が独自のスタイルを打ち出している。グレース　アンド　ソーンの特徴は、花の高さを大胆に変えて束ねる「ジャンピングブーケ」。ブーケの基本に、花の高さを揃えて丸く仕上げるデザインがあるが、それとは一線を画すスタイルだ。高野さんは渡英前に店の作るブーケをチェックし「花の一つひとつの表情がよく見えて、花がダンスしているよう」だと感じたという。ぜひこの目で確かめたい。

## 独特な花を選んでブーケを

　店に入って高野さんが目を向けたのが、地中海地方原産のアンミ・ビスナガ・グリーンミスト。イギリスの感度が高い人々の間で人気上昇中の品種だ。ドーム状に白い蕾が集まった独特な姿で、ボリューム感がある。

　「こんなに立派なのは、なかなかお目に

かかれないですね」

　さっそく、この花を使ったブーケをオーダーした。

　「こんなにインパクトのあるものをブーケに入れるのは難しいと思うんです。どうミックスするのかすごく楽しみ」

## 野生的な印象のジャンピングブーケ

　ブーケ作りは、回転させながら束ねていく基本的な手法がある。それをベースに、店長のキャトリン・ハウウェルズさんは、高さをバラバラにしながら手早く花を組み立てていく。

　「花がジャンプしているように束ねます。花束にエネルギーを与えるイメージで。まるで野原から摘み取ってきたばかりのように」とキャトリンさん。野生的で自然な花束が、自分たちのスタイルなのだと教えてくれた。

　できあがったブーケは、アンミ・ビスナガを低い位置に固定し、季節の花は高さを変え、躍動感たっぷり。自然の風景が大胆に表現されている。高野さんはその仕上がりに、感嘆の声をあげた。

　「お花たちが楽しそうですね。長さを持たせて見せるだけでボリュームがあるように見えるし、のびのびと呼吸をしている感じ。気持ちよさが見ている側にも伝わってくる花束です。これはぜひ取り入れたいですね」

幸せの花束

中央がアンミ・ビスナガ

見るもの全てが刺激になる

特注のケーキスタンドで

# 花で毎日を特別にする
# リッチモンドの園芸店を訪ねる

## 花を楽しむヒントを求めて

　花で毎日を特別にするアイデアを求めてやって来たのが、ロンドン郊外の自然豊かな街、リッチモンドにあるPetersham Nurseries（ピーターシャム・ナーサリーズ）。世界のガーデンショップ10選にも選ばれた人気店だ。

　広大な敷地に、苗やガーデニング用品のほか、食器や雑貨など、花のある暮らしに必要なアイテムがなんでも揃う。さらにカフェやレストランも併設され、ゆっくりと過ごせる場所だ。

　ここは高野さんが何度も訪れていた、お気に入りの店。「よくアイデアを得に来ていました」と振り返る。買いものをするだけではなく、商品のディスプレイや花の生かし方をチェックしていたという。

　カフェに入ると、テーブルにはムスカリの花の鉢が置かれていた。

　「いつもこういうふうに鉢植えをポンと置いてあるんです。こうしたアイデアもすごく好きです」と高野さん。

## 伝統のアフタヌーンティーを
## 特別演出で味わう

　ナーサリーのカフェでは、週末限定でケーキセットと季節の花を同時に味わえる「ガーデンアフタヌーンティーセット」を提供している。

　アフタヌーンティーは18～19世紀にイギリスで生まれたお茶の習慣。高野さんが通っていた当時もカフェにアフタヌーンティーのメニューはあったが、そこに花の演出を加えるスタイルには、今回初めて出会ったという。

　さっそく注文してみる。飲み物に続いて運ばれて来たのは、なんと花がたっぷりと飾られたケーキスタンド。花瓶はこの店特注のものだ。小さくカットされたケーキの一つひとつにも花が添えられている。

　「わあ、嬉しい！ テンションが上がりますね」

　園芸部門ディレクター、トーマス・ブルーム＝ヒューズさんは「イギリス人はアフタヌーンティーの時にどんなに小さくてもテーブルに花を飾ります。ここでは特別感を演出するために花をたくさん使ってスケールアップさせました」と説明する。

　この演出に感銘を受けた高野さん。

　「サプライズ感は大事だなと思いました。プラスアルファで何かを加えると、喜びに変わる。ワンランク上のおもてなしを追求することを惜しまない、その姿勢がいいなと思いました」

幸せの花束

## Mission 3
# キャリアをスタートした花屋で
# 美しい360度ブーケに力をもらう

### ロンドンで4年間修行した花屋へ

　次に訪れたのは、若者に人気のエリア、ロンドン北部のイズリントンに店を構える Dansk Flowers（ダンスク・フラワーズ）。有名芸能人やセレブも足を運ぶ人気店だ。ここは高野さんが2011年から4年間修行した店であり、今回の旅で絶対に訪れたかった場所。

　懐かしい店が見えてくると、高野さんは思わず駆け足になる。「ロンドン生活で一番感謝している」というオーナーのローレンス・ボルトンさん、トリーナ・マティーセンさんの姿を見つけると、涙があふれだした。

　ダンスク・フラワーズは、ロンドン屈指の豊富な花のバリエーションで知られ、販売される花や植物は常時100種類以上。かつての高野さんも、この店の前を通りかかった時、花の種類の多さに圧倒された。そして「ここで働きたい」と強く思ったという。

### 勇気を出してアタック

　イギリスでは働きたいと思ったら自分からアタックするのが当たり前。勇気を出して直談判をし、働くことを許された。

　高野さんはこの店で、フローリストとして多くのことを学んだ。特に鍛えられたのが接客だった。

　「イギリスではお客さんが一本一本こだわって自分で花を選び、私たちがブーケを作ることも多かったんです。変わった花材だけを使うこともあり、その組み合わせが斬新で。そういうところから学んだり、刺激を受けたりしましたね」

　ブーケ作りはスピード勝負。次から次に来る注文に応えるうちに、さまざまなスタイルに対応できるようになり、一人で店を任される時もあった。

### 師匠に最新のブーケをオーダー

　「花束をひとつ作ってくれませんか」

　高野さんの師匠でもあるトリーナさんに最新の花束を作ってもらう。トリーナさんは花材を手にすると、草花を躍動感が出るように高さを変えながら束ね、回転させながら花を差し込んでいく。「大切なのはバランス。どこから見ても美しい花束でないとね」とトリーナさん。360度どこをとっても正面になるジャンピングブーケが完成した。

　「花たちがどの角度から見てものびのびとして、すごく素敵です」

　一見簡単そうに見えるが、高い技術とセンス、そして経験が必要な花束だ。この師匠の技術を間近に見て、高野さんは経験を積んだ。あらゆることを吸収し、スキルを磨いた4年間だった。

　「こんな形で帰ってきてくれて嬉しいよ」。ボルトンさんの温かな言葉に、喜びにあふれた再会となった。

花束は水の入ったラッピングで紙袋に入れて渡される

幸せの花束

オーナーのボルトンさんと

師匠のトリーナさんと

「水が溜まるものであれば、すべて花瓶になります」

## Mission 4

# アンティークの街、 ルイスで心ときめく花瓶を大捜索

**今にはないデザインと出会いたい**

　ロンドンから車で1時間半、イギリス南東部の小さな街、ルイスにやってきた。アンティークの街でもあり、古いものを大切にする文化が今も受け継がれている。

　この街で人気アンティークショップが、Lewes Antiques Centre（ルイスアンティークセンター）。高野さんは花と花瓶のセット販売を計画しており、アンティークの花瓶の仕入れにやってきた。

　「花を飾りたくても花瓶がない人も多いですよね。お気に入りの花瓶を一つ持っていると、花を飾りたいと思うんじゃないかと。花瓶はお花のある暮らしに誘導するためのアイテムです」と高野さん。花と花瓶をインテリアとして楽しむ提案をしたいと考えている。

　「アンティークは想像がつかないデザインが面白いし、新しく感じられます」

**とっておきの花瓶をハンティング**

　さっそく店内で気になるものをチェックしていく。昔は観賞用に作られた花瓶も多く、それらは花を生けなかったため状態も綺麗に残っている。

　「飾り物として使われていたものを、今度は花瓶として生き返らせることができたら」と高野さん。

　汚れがあっても、洗えば綺麗になるものも多い。どこまで綺麗になるかを計算しながら、メーカーにこだわらずフラットに見ていく。

　高野さんは花瓶以外にも目を向ける。「あ、これは可愛い！」と手にしたのは、葉の模様がついた100年前のイギリス製ミルクジャグ。ムスカリの球根を入れるのに良さそうだ。

　「これも面白い」と、おじさんの姿をかたどったビールジョッキ、トビージャグを発見。「頭にお花がのっていたら可愛い」と想像を膨らませる。水が溜まるものならなんでも花瓶になる。

　「これはどうやって使うんだろう」と目を向けたのは、穴の空いた平たい陶器の入れ物。草花が生えた石畳の模様が付いている。

　「派手なお花でも素朴なお花1本でも、ガーデンをそのまま家に入れたみたいで可愛いと思います」

　これはビクトリア朝時代に創業したメーカーの花瓶で、製造されたのは第二次世界大戦の最中。「幸せの井戸」というタイトルがついていた。第二次世界大戦中、イギリス各地は激しい空襲を受けた。「戦争の厳しい時代、贅沢品だったと思うけれど、人の心を癒やすのが植物だったんですね」

　結局、高野さんはルイスで50点ほど仕入れ、日本に送った。

幸せの花束

# 高野さん直伝！
# 花のステキな飾り方のポイント

収録の日、「せかほし」のスタジオのフラワーアレンジメントを担当

## ①花・花瓶の選びかた

花瓶は口の広さが重要。口の広さによって花の入る本数や向きが変わるので、花瓶の口をまず観察する。

## ②花瓶の色の一部と花の色を合わせる

花の種類は、多くても少なくても難しいけれど、花瓶に入っている色の一部を花に取り込むとまとまりやすく、立体感がアップ。まずは一輪挿しからはじめてみるのもおすすめ。

## ③花を生ける前の準備

水をきれいな状態に保つため、水に浸かる部分の葉は全部取る。よく切れるハサミを使ってスパッと茎を切ると、茎の断面が押しつぶされずに花が長持ちする。

## ④花の生け方

見せたいものはより大胆に、主役になるように飾るのがポイント。頭が重い花は、思いどおりに止まってくれないことが多い。そんな時には、なるべく花の部分を縁に沿わせるように支えると、思う位置にキープしやすくなる。

## ⑤花の高さに変化をつける

複数の花を生ける時には、一つひとつの花がよく見えるように、花の高さに変化をつけるとバランスが取れる。

## ⑥「飛ばし道具の花」を使ってみる

リズムをつけるために個性的な花や植物は「飛ばし道具」として大胆に伸ばすといい。

# ドライフラワーに命を吹き込むエミリーさんと究極のアレンジを共作

## 2万本のドライフラワーが彩る空間

　花を使った最新のインスタレーションをチェックするため、ロンドンにオープンしたばかりのルーフトップバー、Florattica（フロラティカ）を訪れた。店の天井からは、かすみ草やアキレアなど、約2万本のドライフラワーが吊り下がっている。まるで花の絨毯のようだ。

　このインスタレーションを手がけたのは、イギリス南東部の街、ブライトンにあるPHOHM（フォム）という花のデザインスタジオ。高野さんは以前からドライフラワーで魅力的なデザインを生み出すフォムの仕事に注目していた。

## コロナ禍以降、ドライフラワーが主役に

　ロンドンでは今、ドライフラワーが大ブーム。長く繰り返し使えるため、サステナブルだと考えられているのだ。特にコロナ禍以降、さまざまなシーンでドライフラワーが使われるようになった。コロナで店が閉まり、結婚式やイベントも行えなくなり、花が余ってしまったからだ。以前は扱われていなかった市場や花屋でもドライフラワーが販売され、ここ数年で専門店もオープンしている。

　「今は生花もドライもミックスするのが当たり前。枠を超えた新しいスタイルにチャレンジしているんですね」と高野さん。

## ドライフラワーの究極の姿を求めて

　今回の旅で、憧れのフローリストにも会うことができた。ドライフラワーの新たな境地を切り拓くアーティスト、エミリー・エアーズさんだ。高野さんはかつてエミリーさんの作品に触れ、圧倒されたという。「花の組み合わせ方や作り方が全然違う。これは芸術家の感覚」と惚れ込んだ。

　エミリーさんの新作が展示されたスタジオに案内された。すべてがドライフラワーで作られた作品だ。高野さんは美術館で作品に対峙するように、細部までじっくりと鑑賞していく。生花では青色のアイリスの花も、時とともに色が抜け、花脈がはっきりとでてくる。「花は枯れてなお、美しくなる」というエミリーさんの言葉に、高野さんは深く共感した。

　「エミリーさんの、ドライフラワーに命を吹き込むような生け方には、すごくインスピレーションを受けました」

　究極のアレンジに触れ、高野さんはエミリーさんと二人で一つの作品を作りたいと依頼した。エミリーさんも快諾。作品に入れる花を選び、一つ一つの素材を生かしながら作りあげる。そして、春を迎える喜びにあふれた「春のガーデン」が生まれた。

　「ミュージシャンがセッションをするようなことをフローリスト同士でしてみたかったんです。憧れの人とそれが叶って、夢のような時間でした」

エミリーさんとの共作「春のガーデン」

幸せの花束

大学で美術絵画と彫刻を学んだエミリーさん

## Mission 7

# 刺激的だった本場のレッスン。
# フローリストとしての未来を描く

**花に魅了された仲間と
インスタレーションを作る**

　高野さんは今回のロンドン滞在中、世界的に有名な花屋 McQueens Flowers（マックイーンズ・フラワーズ）が主催するレッスンに参加した。インスタレーションを作るグループレッスンだ。

　世界中から人が集まるスクールで、参加者はフローリストを夢見る人から、すでに独立している人まで、バックグラウンドはさまざまだ。

　レッスンでは先生に教わるだけではなく、参加者みんなで意見を出し合うことが重視される。経験がないからといって遠慮する姿はない。

「上も下もなく、みんなが意見をきちんと取り入れる。素晴らしいと思いました」

　参加者は本場イギリスで育まれた花の文化を吸収し、世界に羽ばたいていく。

「みんなの夢に向かって突き進むエネルギーに、刺激を受けました」

「おしゃべりなしは無理よ」

## 長野でフローリストとして

　高野さんは今、長野県北部にある山間の自然豊かな町に暮らしている。自宅の一室に設けたアトリエで、主にフラワーアレンジを商品化するための元となるデザインを作る仕事や、撮影スタジオなどに置かれるフラワーアレンジメント、また最近は新たなチャレンジとして、インテリアショップなどで販売されるアーティフィシャルフラワー（造花）のデザインを制作している。

　高野さんにとって、周りにある自然は、インスピレーションの源泉だ。

「森や山に入って一つひとつの花の表情や木の枝ぶりを見ては、こうやって咲くんだ、こういう動きをするんだと、学べるものがたくさんあります。どこにいても、車を運転していても目が行くのは自然や植物ばかり」と高野さん。

　苔のようにミクロの世界にも目をこらし、そこに宿る美しさを観察する。

　一方で、ニーズに応えるためにトレンドを追うことも忘れない。時代に合わせたトレンドを自分のスタイルに取り込むことは、自分の表現を進化させていくためにも必要だと考えている。常に SNS などから新しいデザインをチェックし、気になるフローリストがいれば、直接レッスンを受けに出かけて行く。

　今回の旅で出会った最先端の花のトレンドと、花で人を幸せにするたくさんの場。イギリスでの出会いを糧に、高野さんはこれからもフローリストとして歩み続ける。

「まだ見ていない花の世界が必ずあると思います。それを見つけて、表現を追求したいですね」

長野県飯綱へ

# ものづくりが好き。着たい服を自分で作っていた

### 編み物のできる幼稚園児

もともと母が陶芸や絵画をやっていて、手先が器用でした。洋服でも何でも作ってくれていたのですが、その影響もあって、私も子どもの頃から手芸がすごく好きでした。幼稚園の時から編み物ができていて、小中学校では、自分で作った服を着ていました。「ここは邪魔だから、切って縫って」と、感覚で作っていましたね。リボンのついたベルト付きのチェック柄のスカートなど、お気に入りの服は今も覚えています。ものづくりが好きだったんですね。

植物もずっと好きで、幼い頃は花や草で冠を作ったり植物図鑑を愛読していました。ただ、どちらかというと体を動かして遊ぶ方が好きで、大人になるまで花にまつわる仕事は考えたこともありませんでした。

### いろんな仕事を経験しました

明朗活発な方だったので、高校の先生には「バスガイドか人前で話す仕事をしろ」と言われましたね（笑）。クリエーターに興味があって手を使う仕事がしたかったので、美容師の学校に進みました。ただ、私はアトピー持ちで、薬品で手荒れがひどくなってしまったんです。

それで美容師を断念して、そこからは就職して OL をしたり、フリーターをしたり、いろんな仕事を経験しました。でも、事務的な仕事は本当に向いていなくて。企業で働くことが自分には合わないんだとよくわかりました。

## 多肉植物に出会い、
## 植物の面白さに目覚める

　当時は、自分のまわりに才能のある人や、やりたいことを持っている人が多くて、「自分には何もない」とずっと思っていました。自分に何ができるのだろうと、迷って探していた時期ですね。

　自分にできることを模索している中で、だんだんと自分の好きなことを好きなようにやろうと思えるようになりました。その中で2005年頃に出会ったのが、多肉植物です。

　その頃、多肉植物が流行っていたのですが、その姿を見て「なんて面白いんだろう」と思いました。それが植物の魅力に改めて気づいたきっかけです。そこから流木を使って多肉植物の寄せ植えを作り始めたんです。

　多肉植物の寄せ植えを売ってみようと、ガーデンセンターに作品を持ち込むこともしました。するとワンコーナーを「好きに使っていいよ」と任せてくださったんです。それで委託販売をしていました。

　結局、お店自体がなくなってしまって販売は1年もやっていないのですが、それが植物のことで収入を得た最初です。

幸せの花束

# ロンドンでフローリストとして修行

### キャリアチェンジの
### 最後のタイミングで渡英を決意

イギリスに行きたいなという漠然とした憧れは、ずっと持っていました。もともと兄の影響で洋楽を聴いたりレコード屋で働いていた経験から、特に惹かれるようになったのがイギリスの音楽だったんです。

植物の魅力に目覚め、そこから花の世界を知りたくなりました。これが自分のキャリアチェンジの最後のタイミングだろうと思い、花と語学を学ぶためにイギリスに行くことを決めました。

2008年に渡英しましたが、その頃のイギリスは異国の人に厳しい面もあり、言葉もできなかったので辛い思いもたくさんしました。フラワースクールで自分だけ自己紹介を飛ばされたこともあります。でもいいんです。海外に飛び込んだ時点でやるしかない。1日も無駄にできないと思っていたので気になりませんでした。自分が学びたいことは決まっているし、花屋で働きたいという目標もあったので、自分のやりたいことにフォーカスしようと切り替えていました。悔しい経験が英語を真剣に頑張ろうというきっかけにもなりました。

### 経験ゼロで花屋に入る

花屋で働きたかったけれど、最初は何度も断られました。まず言葉のハンディキャップがあったし、そもそも私は日本で一度もフラワーアレンジメントを学んだことがなく、本当にイギリスでゼロからのスタートだったんです。

それでも知り合いの紹介で、渡英して1年目で花屋に入れてもらうことができました。ただ、そこでは花にはほとんど触らせてもらえず、掃除ばかりしていました。仕事というよりは丁稚奉公ですね。かなり経って、やっとアレンジを作らせてもらえるようになりましたが、「これ以上いてもスキルアップにはならない」とその店には自分で区切りをつけました。

そこからしばらくフラワースクールのレッスンに通って家で自主練をしたり、写真を撮り溜めてポートフォリオを作ったりして、自分なりにスキルアップをして次の花屋で働く準備をしました。イギリスでは履歴書のことを CV（curriculum vitae）と呼びますが、当時は働きたいと思う店に出会ったらいつでも渡せるように、いつも CV をバッグに入れて持ち歩いていましたね。

V&Aミュージアム。美術館へはよく足を運びました

ダンスク・フラワーズで

ダメ元で配っていました。

　4年間修行したのは、もともと「いつかここで働いてみたい」と憧れていたお店です。私は思い立ったら即実行のタイプですが、やっぱりアタックするのは勇気がいりました。でもここでやらなければ、イギリスにいる意味がないと思って。当時一緒に住んでいたハウスメイトたちも背中を押してくれ、「よし行こう」と。

　お店にCVとポートフォリオを置いていくと連絡をくださって、「ここの花をなんでも使っていいから、ブーケを一つ作って」と言われました。それでブーケを作ったら、キャリアや言葉の問題など心配していたことは一切聞かれずに「来週から来て」と。本当に嬉しかったですね。

　お店は私を入れて10人くらいです。私のいたイズリントンの店舗のほかにアビー

ロード近くにも別店舗があり、2店舗をみんなで回していました。花屋の仕事に加えて、ファッションショーのデコレーションやブティックのディスプレイなどもやっていたので、その制作にも関わらせてもらっていました。本当にたくさんのことを教えてもらいましたね。

ロンドンのグリーンパーク

イギリス南西部の都市バース

# 花で、驚きや感動を追求したい

**長野の自然に魅せられ、帰国**

渡英前はロンドンでの生活をどれだけキープできるかもわからなかったし、とりあえず1年間はいようと決めていましたが、その先のことは未定でした。そこから無事に滞在を続けることができ、7年目に入った頃にはイギリス永住を視野に入れていました。

一方で、フローリストとしては揺れていました。お店で働きながら「もっと自分だったらこうしたい」「こんなスタイルを推していきたい」という気持ちがどんどん芽生えてきていたんです。「自分で店を持ったら」「もし自分で仕事ができたら」と考えながら仕事をしていました。今まで通り同じ店で経験を積むのか、独立して自分のスタイルを追求するか、どちらがいいのかと迷っていました。

その思いを抱えながら、一時帰国をしましたが、地元の長野にいるあいだに今の夫と会い、結婚を決意します。それは夫の地元、今私が住んでいる場所でもありますが、その自然の力も大きかったですね。同じ長野でも私は街の方で育ったので、自然がすごく近く、山に入れば材料もたっぷりある環境に、「ここには自分の欲しいものが全部揃っている」と思ったんです。

**いつか花の栽培から手がける
ファーマーフローリストに**

2015年に帰国して、夫の地元で暮らし始めました。本当はしっかり準備をしてから独立したかったのですが、ありがたいことに口コミでウェディングやオーダーメイドの注文をいただいて、始める前から仕事が始まったようなかたちでスタートしました。「NP」という屋号も、自分のニックネームを略しただけ

なんです。本当はもっとシビアに考えたかったのですが、その暇がなくて(笑)。

2018年には、花の専門誌のウェブサイト「植物生活」が主催するコンテストで、最優秀賞をいただき、自信につながったと思います。応募のテーマがドライフラワーでしたが、ドライならではでの表現を追求したいと気持ちが切り替わるきっかけにもなりましたね。

今はデザインの仕事がメインですが、大型のディスプレイの仕事や、花瓶と花のセット販売、オーダーメイドの制作など、やりたいことや計画をしていることがいくつもあります。

そしてもう少し時間ができたら、いつかはお店を持ち、自分で育てた花を販売する「ファーマーフローリスト」のようなことができたらとも思っています。その時が来たら夫も巻き込んで、一緒にやりたいですね。

もともと私はちょっと個性的で一つ一つの花の表情がよく見えるスタイルが好きなんです。それをベースに自分のスタイルを進化させ、驚きや感動を追求していきたいです。

# 高野のぞみさんへ10の質問

●●●●●●●●●●●●●●●●●●●●●●●●●●●●●●●●●●●●●●●●●●●●

**❶ 子供のころの夢は何でしたか?**

CAです。世界中を旅してみたかったです。家族の海外旅行のお土産を見ては思いを馳せてワクワクしていました。

**❷ 座右の銘は何ですか?**

楽しむこと、続けること、諦めないこと。仕事で迷う時は、この3つがポイントになったりします。

**❸ 行ってみたい国、街ベスト3は?**

オレゴン州ポートランドやカナダのどこか。雄大な自然と街が調和したような所に行ってみたいです。南国の自然にあふれた街もとても行きたいです。

**❹ 自分の性格で一番自慢できるところは?**

これは本当に分かりません（笑）。誰とでも分け隔てなく話せるところだと夫は言ってくれます。

**❺ リフレッシュはどうやってしますか?**

キャンプやカヌーなどのアウトドアや、気の知れた仲間とお酒を飲みます。自然の中でのゆっくりとした時間や友人とのお喋りはエネルギーの充電になります。

**❻ 仕事をする上で大切にしていることは何ですか?**

楽しむことを忘れずに、その時に出来ることを精一杯やる。

**❼ 駆け出しの頃に役に立ったアドバイスは何ですか?**

努力に勝る天才なし、という言葉を友人から聞いて頑張れました。何事も努力の積み重ねが本当に大事だと今でも思います。

**❽ 海外で仕事をするときに大事なことは何ですか?**

コミュニケーション。自分のアイデンティティーやモラルを大切にすること。あとは楽しむこと。

**❾ 世の中にもっとあってほしいモノは何? 減ってほしいモノは何?**

街中にも自然豊かな公園がたくさん欲しいです。減ってほしいものは平和を脅かすもの。

**❿ 明日やりたいことは何?**

アトリエの片付け。花材や資材で溢れている状況なので、一度仕切り直してアトリエを綺麗にしてリニューアルしたいです。

# 高野のぞみ *Nozomi Takano*

長野県生まれ。フローリスト。2008年、語学とフラワーアレンジを学ぶためイギリスに留学。2015年帰国。花の専門誌のウェブサイトが主催するPHOTO AWARDでドライフラワーやバラをテーマに最優秀賞受賞。結婚を機に長野県飯綱にアトリエを構え、NPを屋号に活動。

写真協力：Yuko Parker, Tomoyuki Sasaki, 高野のぞみ　　text：梅田 梓

幸せの花束

### 西川 涼さんと行く

# スイス、ドイツ
# 心ときめくおもちゃに
# 出会う旅

海外のおもちゃをいち早く日本に届け、普及させてきた「ニキティキ」の代表、おもちゃバイヤーの西川涼さん。「スイスのおもちゃはデザイン性が高く、芸術的な感覚を養えるようなものが多い。一方、ドイツの木製の上質なおもちゃは、子どもたちの好奇心と創造力を育む力に満ちています」──心躍る夏のヨーロッパで、大人も子どもも心ときめくおもちゃに出会う旅へ。

## *Mission of Buying*

# 心をときめかせ、
# 創造力を育むおもちゃを探す

### 後継者問題を目の当たりにして

　今世界では、心をときめかせ、創造力を刺激するおもちゃが次々と生まれている。旅をするのは、全国の百貨店に売り場を持つ「アトリエ ニキティキ」(NIKI TIKI) の代表、おもちゃバイヤーの西川涼さん。海外のおもちゃをいち早く日本に届け、普及させてきた。

　「子どもがたくさん遊べて笑顔になるのはもちろんですけれど、それを通じて家族で豊かな温かい時間を過ごせるおもちゃを探していきたいですね」

　ニキティキは、西川さんの母親、西川敏子さんが、1971年に「アトリエ ニキティキ」として立ち上げた会社だ。敏子さんがドイツの国立美術大学に留学していた時、ドイツやスイス等の木製玩具に魅せられ、おもちゃの輸入を決めた。

　「母の輸入するおもちゃで遊んで育ってきたんですけれど、会社を継ごうと思ったのは26歳の時。それまで、母は一度も継いでくれとは言いませんでした」

　流暢なドイツ語で商談する西川さんは、実はスキーのインストラクターになろうと、オーストリアにスキー留学していたという経歴を持つ。

　「ドイツで開かれる国際玩具見本市に呼ばれ母に同行していた時、ドイツのメーカーの社長が母に後継者問題を相談していて、そんな大事なことまで相談されている母を見て驚くと同時に、じゃ、

『ニキティキ』は誰が継ぐんだ?」とハッとした。そして、自らニキティキに入ることを選んだという。それから22年、現在、取引しているメーカーは約100社、商品数は2500を超える。

### 夏のヨーロッパでメーカーや工房を訪ねる

　毎年、ヨーロッパで行われるおもちゃの見本市は2月と寒い季節に開催される。そこでは事前に日本に届いていた情報を元に新商品を見て商談に移ることが主な仕事。たくさんのメーカーを回るため、じっくり話をする時間をとることができず、工房まで足を伸ばすこともできなかった。

　今回訪れるのは、スイスとドイツ。インテリアになるほど洗練された積み木を作りだすスイスのメーカーや中世からのおもちゃ大国ドイツの職人の工房を訪ねる。

　「スイスのおもちゃはデザイン性が高く、芸術的な感覚を養えるようなものが多い。一方、ドイツの木製の上質なおもちゃは、子どもたちの好奇心と創造力を育む力に満ちています」

### 街のおもちゃ屋さんでリサーチ

　出張先で西川さんがまず訪れるのは、その土地のおもちゃ屋さん、そしてデパートのおもちゃ売り場。その街のおもちゃ博物館にも必ず足を運ぶ。どんなものが売られているのか、流行っているのかを

リサーチする。

「アルプスのハイジの世界観のミニチュアハウス。牛の餌入れがあります。動物が中心の世界観が面白い！ これは3歳の子ども向けパズル……ガッツリ事故を起こしているシーンが描かれている。働いている警察官や消防士さんをリスペクトしてい

るんですけれど、ある意味すごい！」と気になるものを次々に手に取っていく。

「街の小さなおもちゃ屋さんではそのエリアでしか売っていないものや、もう作られていない木のおもちゃが見つかることも」

西川さんの足取りは軽い。さあ、大人も子どもも心ときめくおもちゃの旅に出発！

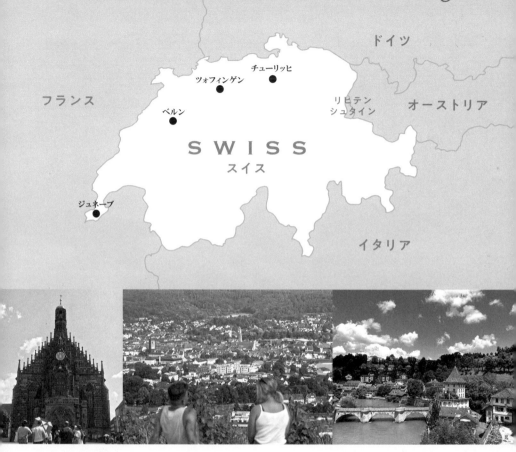

ドイツ

チューリッヒ

ツォフィンゲン

ベルン

フランス

リヒテン
シュタイン

オーストリア

# SWISS
スイス

ジュネーブ

イタリア

## スイス

アルプス山脈の麓に位置する内陸国で、マッターホルン、モンブランなど数々の名峰を擁する永世中立国。首都はベルンだが最大の都市はチューリッヒで、国の産業は機械・化学など高度技術産業や酪農などが盛ん。独仏伊など4つの言語が公用語。赤十字発祥の地でもあり、国連欧州本部やWHOの本部が置かれる。

## ベルン

蛇行するアーレ川のほとりに築かれたスイスの首都。アルトシュタット（旧市街）には中世の建築が残り、世界遺産に登録されている。なかでもゴシック様式のベルン大聖堂は街のシンボルで仕掛け人形が毎時動いて時を知らせる天文時計塔ツィットグロッゲはランドマークになっている。

## キュボロ社

木製の立体パズル、キュボロの本社。

## ツォフィンゲン

スイス北部、13世紀初頭にフローブルク伯によって築かれた城壁に囲まれた都市。旧市街には城壁に沿って庭園が広がり、丘の上にあるハイテルンプラッツ広場では毎年ハイテレ野外フェスティバルが開催される。ベルンから電車で約30分、チューリッヒからは1時間とアクセスもいい。

## ネフ社

トイオブジェとしても人気のあるスイスのネフ社。ネフスピール（積み木）をはじめとするロングセラー他、美しいおもちゃを作り続けている。

## ドイツ

山の頂に建てられた天空の城ホーエンツォレルン城など、おとぎ話に出てきそうなお城が多いドイツ。グリム童話もドイツのもので、現在でもツィーゲンハイン村で毎年6月に開催される祭りは通称「赤ずきんちゃん祭り」と呼ばれ、子どもたちが民族衣装に赤い帽子をかぶるなど、子ども心を大切にする国でもある。

## ニュルンベルク

ドイツ・バイエルン州北部の都市で、旧市街の要塞や石塔など中世の建築が多く残る。11世紀に建てられたニュルンベルク城からは街を一望できる。中世から人形製作技術に長けたおもちゃの街として知られ、近代にはブリキのおもちゃ製造業者がひしめいた。毎年2月には世界最大級の玩具見本市が開催される。

## フラウエン教会

聖母マリアに捧げられた「聖母教会」の意味で、ミュンヘンやドレスデンにも同名の教会があるが、ニュルンベルクのはドイツ最古のからくり時計で知られる。毎日1回、昼12時に王様や音楽隊、官女たちの人形が音楽とともに回りながら時を告げる。

## ニュルンベルク おもちゃ博物館

ニュルンベルクの中央広場西にある、世界最大級のおもちゃ博物館。地上4階1,400㎡の展示スペースに、人形、木製玩具、大型鉄道模型、ドールハウスなどが展示され、その歴史も見渡せる。夏季は屋外に遊び場が設けられ、中庭にはカフェも。日本語の音声ガイドもあり。

## ザイフェン

ドイツ東部、チェコの国境に近くに位置する街。ドレスデンから車で1時間ほど。クリスマスツリーに飾る木製オーナメントや、ろうそく立て、ミニチュア人形などを作るおもちゃの村として名高く、家族単位の小さな工房が100軒以上点在する。メインストリートにある博物館の吹き抜けにはクリスマスピラミッドが展示されている。豊かな自然に囲まれた保養地としての側面もある。

## ヴォルフガング・ヴェルナーさんの工房

先祖代々玩具作りを継承し、ザイフェンでも指折りの高品質かつ個性あふれるモノ作りを続けるヴェルナー一家。その次男、ヴォルフガングさんは「動く玩具」の開発に情熱を燃やす。

## クリスチアン・ヴェルナーさんの工房

ヴェルナー一家の長男、クリスチアンさんはろくろの木工技法「ライフェンドレーン」の第一人者として工房で腕を振るう。HPでオンライン販売あり。

# Nürnberg, Seiffen, Schorndorf

デンマーク

オランダ

ベルリン

ポーランド

GERMANY
ドイツ

ドレスデン

ベルギー

ザイフェン

チェコ

シュトゥットガルト　●ニュルンベルク

フランス

ショルンドルフ

オーストリア

スイス

美しいおもちゃ

## ショルンドルフ

ドイツ南部、シュトゥットガルトの東約26kmに位置する街。歴史的旧市街は保護文化財であり、市場の泉をもつマルクト広場や多くの木組み建築はドイツで最も美しい街並みの一つに数えられる。

## デュシマ社

100年にわたりドイツのおもちゃ開発をリードしてきたメーカー。アクリル製品に力を入れている。

## アトリエ ニキティキ

1971年よりヨーロッパを中心とした良質なおもちゃを輸入販売している。サイトには各メーカーの紹介や取り扱いおもちゃが詳しく紹介されている。本社は東京・吉祥寺。

# 爆発的ブームになった
# 立体パズルのキュボロ社を訪ねる

**藤井聡太さんも虜にした積み木のおもちゃ**

　中世商業都市として栄え、当時の石造りの街並みが今も残るスイス・ベルン。壮麗なベルン大聖堂は、470年もの月日を重ねて完成させた街のシンボル。3年ぶりにベルンを訪れた西川さんは、爆発的ヒットとなったスイスのおもちゃ「キュボロ（CUBORO®）」のメーカー、1986年創業のキュボロ社を訪ねた。

　「キュボロはビー玉の通る道のついた積み木を組み合わせて塔を作り、上から落としたビー玉がゴールするまでのコースを作って遊ぶ立体パズル。インスピレーションと頭を使って遊びます。大人も一緒になって遊べるおもちゃの一つで僕はとても好きです」

　幼少期にこのおもちゃの虜になった1人があの天才棋士、藤井聡太さんだ。

　子どもに人気の秘密は、このおもちゃの奥深さ。目に見えない部分も想像しながら道を作ることで、成功した時に達成感を味わえる。実は20年前、2004年にこのおもちゃに目をつけ、日本に初上陸させたのが西川さんの会社。同年、このおもちゃはドイツの由緒ある新聞社が主催するベスト玩具賞「金の木馬賞」を受賞している。

**きっかけは障がい者施設の子どもたちの姿**

　「ハーロー！」ラフなTシャツ姿で現れた西川さんをポロシャツ姿の現・キュボロ社社長のセバスティアン・エッター氏がシンプルなオフィスで迎える。キュボロはセバスティアンさんの父、マティアス・エッターさんが開発した。きっかけとなったのは、当時働いていた障がい者施設の子どもたちの姿だったという。

　「父は施設にあるパズルなどは彼らにとって複雑すぎることに気づきました。障がいのある子どもたちにもおもちゃを楽しんでほしい、達成感を感じてほしい。そんな純粋な思いからこのおもちゃは生まれました」

　セバスチアンさんが、キュボロの試作モデルを見せてくれる。

　「これは粘土で作った最初の試作モデルです。トンネルはビー玉を隠すためではなく、落下による勢いを与えるためのモノでした」

　形を変えていく試作品を見て「発想力のすごさというか、子どもたちへの愛情の深さというか、どんどんブラッシュアップして新しいアイデアをのせていってキュボロが出来上がったことを考えると、お父さんすごい！　って思っちゃいますね」と西川さん。

　やがてキュボロは大人の遊び心にも火をつけた。世界各国でこの立体パズルを使った競技会が開かれ、YouTubeには複雑な作品がアップされている。日本では2005年の愛知万博のスイスパビリオンに巨大なキュボロが登場し、広く認知

されるようになった。

## トライ&エラーを楽しめるところが魅力

　キュボロは基本的なパーツに加え、振り子の力でビー玉が坂道を駆け上がる「キック」、トランポリンのように玉が跳ね上がる「ジャンプ」、坂道のトンネルで玉に勢いをつける「スピード」など、追加セットを加えることで、さらに複雑な「玉の道」を作ることができる。西川さんはキュボロの魅力をこう語る。

　「トライ&エラーを楽しめるというところが魅力ですね。三次元の思考力が身につき、物事を立体的に考えるきっかけにもなる。まだまだ求められていくおもちゃだと思います」

粘土で作られた試作品

積み木はスイスの天然ブナ材、ビー玉は日本製

# 美しき "トイオブジェ" の新作をゲット!

### 遊べてインテリアにもなるトイオブジェ

スイスにある幼稚園に、子どもたちを虜にするおもちゃがあった。鮮やかな色合いと不思議な形の積み木シリーズ。そしてこの積み木には大人も嬉しい魅力がある。それはインテリアとして飾ることもできること。子どもも遊べてインテリアになることから "トイオブジェ" と呼ばれて、世界で人気上昇中だという。

そのトイオブジェを生みだしたのは、スイス北部の街、ツォフィンゲン（Zofingen）。中世に拓かれたこの街はベルンやチューリッヒから車で1時間ほど。主要都市へのアクセスの良さから、若い移住者にも人気だ。

長年トイオブジェに惚れ込み、日本の人々に紹介してきた西川さん。今回、そのメーカーを訪れて新作を買い付ける。

白を基調にしたインテリアに黒い革のシンプルなソファ、その中に赤や緑や青の積み木がアクセントに。大きな窓から木々の緑が見えるネフ社（Naef ／1954年創業）のオフィスに入ると西川さんは声を上げた。「美しいですね、やっぱり、はあーすごい」

ネフ社の積み木「ネフスピール」は、1971年、創業当時のニキティキが初めて日本に紹介したものだ。

### 世界中のデザイナーとのコラボで生まれる美しいおもちゃ

出迎えてくれたのは3代目の社長、パトリック・エンゲラーさん。パトリックさん、まずは完成したばかりだという展示室を案内してくれた。

「これまで私たちが何年もかけて作ってき

たすべてのおもちゃが展示してあります」

白いキューブ棚にはたくさんのおもちゃが並んでいる。

「子どもの頃にこれで遊んでいました」と西川さんが指さしたのは、Via（ヴィア）。西川さん、お得意のドイツ語で2人の会話ははずむ。

ネフ社のおもちゃの美しさの秘密は、50年以上にわたり、世界中のデザイナーとコラボしてきたことにある。ネフ社のカタログと商品のパッケージにはすべてそのデザイナーの名が記され、作家の作品としての付加価値があるという。

「たとえば、この『言葉のパズル』はベルギーのデザイナーと発案したもの。動物パズルは日本人デザイナーによるものです」

ネフ社の創業者クルト・ネフさんは、もとは家具デザイナーだった。彼にとって重要なのは、美しいデザインであること。創業のきっかけは、『美しい家具はあるのに美しいおもちゃはない』——その言葉に触発されて、家具デザイナーからおもちゃデザイナーへ転身。以来、創業者の考えに共鳴する世界中のデザイナーからアイデアが持ち込まれ続けている。

## 新作の商談がまとまる！

「こちらが最新作。ちょうど生産部門から上がってきたファースト・エディションです。2人のドイツ人デザイナーによる作品です」

テーブルのような形の積み木、その形は今まで見たものよりもシンプルに見える。

「これはどういう遊び方ができるんですか？」

西川さんが思わず身を乗り出す。

「うまくできるかどうか緊張します」と言いながら、パトリックさんがバランスを取りながら、組み立てていく。下に積み下げることもできる。

「最初はちょっと難しいかなと思ったのですが、下に積んでいけるとなると、より想像力を持って遊べます。そして、やはり飾って美しいなと。日本に持ち帰って紹介したいと思いました」

西川さん、商談がひとつ、まとまった。

手前が「Via」。横棒の穴を揃えてビー玉を上から下へ

日本のデザイナーとのコラボ

新作の積み木

## *Mission 3*
# ニュルンベルクの世界最大級の
# おもちゃ博物館を訪ねる

炉に火が入れられるキッチン

### からくり時計の絵葉書を子どもたちに

　スイスを後にして、西川さんがやって来たのは、ドイツ南部の街、ニュルンベルク（Nürnberg）。中世ヨーロッパの交易の拠点として繁栄を築き、今もその面影が残る。旧市街の広場で楽しむことができるのが、フラウエン教会のドイツ最古のからくり時計（1509年）。中央の皇帝に謁見する諸侯たちが順番に現れる。500年前の神聖ローマ帝国時代に作られた。

　旅も中盤を迎え、西川さんが立ち寄ったのは街の書店。二児の父親である西川さん、海外から絵葉書を送り、子どもたちを喜ばせるのが旅の楽しみ。書店で絵葉書の棚から、からくり時計の絵柄を選んだ。

　「僕が子どもの時に母がドイツに行ったり、父が海外に行った時に絵葉書を書いてくれてて、その習慣はなかなか良いものだと思うので、受け継いで僕もやらなきゃと」

### 中世からのおもちゃ大国ドイツの博物館

　ここドイツは中世からおもちゃ作りが盛んなおもちゃ大国。西川さんがニュルンベルクに来る度に訪れるというおもちゃ博物館（Spielzeugmuseum）は、世界最大級のコレクション数を誇り、巨大な鉄道模型や木馬の展示など、その数は8万点。

　「行く度に何か新しい展示品はあるかな、ああ、変わっていないな、というのを確かめていたんですが、前回、2月に行ったとき、

ガラッと変わっていたんですよ。特に1階のフロアの展示がかなり変わっていました」

　ドイツといえば、精緻な技を誇るマイスターの国。もともと生活用品を作っていた職人たちが、その技を生かして始めたのがおもちゃ作りだという。

　例えば、世界初のぬいぐるみを生み出したのは、ドイツの縫製職人。その後、世界中で愛されるテディベア（シュタイフ社／1880年創業）が誕生する。

## マイスターが作ったドールハウス

　ドールハウスも16世紀にドイツの貴族が花嫁修行の道具として娘にプレゼントしたのが始まりだとされている。さまざまな職人たちが、陶器や銀細工をそのままミニチュアにした。妥協なき職人の技。その熱い思いがドイツのおもちゃ文化を育んでいると言ってもいい。

「食器の一つ一つにちゃんと絵がつけられているし、調理器具もしっかり作られている」

　驚きの仕掛けは、キッチンの炉にちゃんと火が入れられること。おもちゃ博物館のカリン・ファルケンベルク館長が説明する。「このドールハウスは子どもたちが楽しく家事を学ぶために使われていました。ですから、キッチンの炉には実際に火をつけることができるのですよ。ここで食材を温めることもできましたし、ヤケドすることもありました。でも、そうやって失敗から学ぶんです」

　西川さん、館長の言葉にうなずくと、自分に言い聞かせるようにつなげた。「今の日本は、ケガしないように失敗しないようにと、少しでも危ないものはすべて排除しようとしますよね。大人は目クジラ立てて失敗を怒る。でも、少しぐらいのケガや失敗は子どもにとって大切。ちっちゃなケガや失敗が学びになって、大きなケガや失敗から守ってくれるはずです」

美しいおもちゃ

館長のカリンさんと

## Mission 4

# マイスターの作る
# 動くおもちゃが愛される理由を探る！

### おもちゃ工房が100を超えるおもちゃの村

　とっておきの職人技が光るおもちゃを探してやってきたのは、チェコとの国境近くに位置する村ザイフェン（Seiffen）。村中至る所におもちゃのモニュメントがある。

　ザイフェンは工房の数が100を超えるおもちゃの村。人口2200人程度の小さな村で、そのうち半分くらいの人たちがおもちゃに関する仕事に就いている。手作りの温かさと繊細さを兼ね備えたおもちゃは、ドイツ中のクリスマスマーケットを彩る。

「この村で作られているおもちゃは、家族で楽しんだり喜べるモノがあります。その中でステキだなと思えるモノを見つけられたらな」

　と西川さん、長年付き合いのある職人の工房へ向かった。

### 世界中から愛される動くおもちゃ

　ヴォルフガング・ヴェルナーさん、おもちゃ一筋45年の職人。ヴェルナー家は、ザイフェンの名士として敬われていたヴァルター・ヴェルナー氏が1957年に創設した工房を三兄弟が継いでいる。次男のヴォルフガングさんが手がけているのは、動くおもちゃ。三男のジークフリードさんが手がけるのはミニチュア。

「おもちゃはただ単に置いておくより

も動かせたほうが楽しいですからね。ちょうどでんぐり返し人形を作っていたところです」

　胴体部分にボールが入っていて、それが動力となる。西川さんも作るのを見るのは初めてだという。

「このおもちゃは動くだけではありません。なんと生きているんです」

　とヴォルフガングさんが見せてくれたのは、紐が下がり、落ちそうになる寸前で、止まるゾウ。

　遊び心あふれるヴォルフガングさんの作るおもちゃは人気を呼び、今では世界的ファッションブランドとコラボした木馬もある。

「私の目的はお客さんが笑ってくれること。おもちゃでお客さんの心を明るく元気にしたい。それが新しいモノを生み出すモチベーションです」

村全体がおもちゃ箱のよう

生きているかのように歩くゾウ

美しいおもちゃ

## 300種類を超える
## 動物のミニチュアを作る幻の技を見る！

### 幻の技、ライフェンドレーン

　続いてはザイフェンにしかない伝統的な技を受け継ぐ工房へ。

　クリスチアン・ヴェルナーさんはヴォルフガングさんのお兄さんで、ヴェルナー三兄弟の長男。ここで作っているのは、300種類を超える動物のミニチュア。西川さんが惚れ込むのは、ほっこりとした表情と手作りならではの味わい。

　このミニチュアを作る技術は村でもわずかな人が受け継ぐ幻の技。その技、ライフェンドレーンを特別に見せてくれた。丸太をろくろにさして、回転させながら削り出していく。削ること20分。出来上がったバームクーヘンのような輪っかをケーキのように縦にカットしていくと、60頭の牛が切り出される。その一つ一つをさらに丁寧に手作業で削り、色付けして一つのミニチュアが完成する。動物たちを集めてノアの方舟を模ったセットが有名だ。

### 職人であることが誇り

　「実際に見ないとろくろで削り出したモノとは思わないでしょう。これは200年以上も前に編み出された技なんだ」

　実はこの技術、かつて銀や錫の採掘で栄えたザイフェンの歴史と深い関係がある。村では水車を動力にして鉱石を砕いていた。その水車を使ってろくろを回す技がライフェンドレーン。

　「こうして、電力もない時代に山の中の小さな村からたくさんの動物のミニチュアが作られたんだ。ライフェンドレーンを受け継ぐ職人であることは、私たちにとって何よりの誇りなんだ」

　クリスチアンさんが村に伝わる、とっておきのおもちゃの飾り方を見せてくれた。ろうそくの炎による気流を利用して動物たちが回るクリスマスピラミッド。家族でテーブルに集まってクリスマスピラミッドを見ながらゆっくり話をする。ステキな時間が流れていく。

ライフェンドレーンを操る3代目

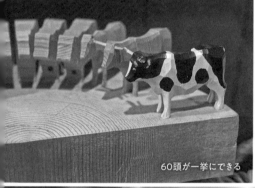
60頭が一挙にできる

美しいおもちゃ

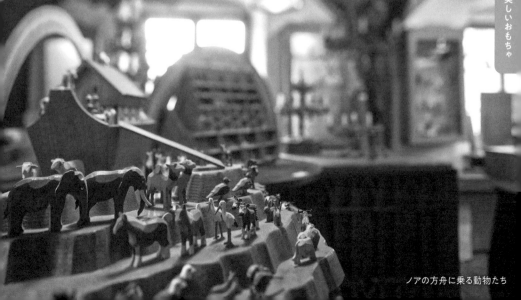
ノアの方舟に乗る動物たち

## *Mission 6*
# おもちゃ開発最前線と終戦直後。
# おもちゃを作る思いを再確認

**創業100年の老舗が作る最先端のおもちゃ**

　西川さんが最後に向かったのは、ドイツ南部に位置するショルンドルフ（Schorndorf）。100年にわたってドイツの木製玩具開発をリードして来たおもちゃメーカー、デュシマ社（Dusyma／1925年創業）がある。出迎えてくれたのは、デュシマ社の開発部長のシモーネ・ヴィンターさん。デュシマ社は、おもちゃだけでなく幼稚園の家具のメーカーとしてもドイツ全土の教育現場で支持されている。

　また、2006年頃から大量生産できるアクリルを使ったおもちゃの開発にも力を注いできた。

**アクリルの積み木と木の積み木**

　アクリルの積み木は、それまでの木製のものと違って、「光を通す」という特性がある。新作のアクリル積み木は動物やビルを型抜きしたもの。「光を当てることで影絵のように街や動物が浮かびあがります。素材の違う光を通さない木の積み木と合わせれば、ほら！ お話をつくりながら遊べるのが楽しいでしょ」とシモーネさん。

　デュシマ社のおもちゃ作りの礎となっているのが、世界初の幼稚園を創設したドイツの教育学者、フリードリヒ・フレーベルの教え、『おもちゃとは子どもの持って生まれた創造の力を引き出すものである』なのだ。

　子どもの創造の世界を広げるおもちゃ作りを目指し、実際に幼稚園で子どもたちが遊ぶ現場から得た気づきをおもちゃ作りに生かしていく。おもちゃが引き出す子どもの無限の可能性。それは、時に年齢を超えていく。この日もシモーネさんと幼稚園を訪れた。

　「子どもたちの目の輝きが違いました。ちゃんと自分の世界を作りながら、遊んでいました。アクリルという新しい素材と、木という昔ながらの素材が融合できるという発想も素晴らしい！ 子どもたちはおそらく大人が思う以上のことを遊びの中で発見したり、学んだりしている。いいインスピレーションをもらえたなと思います」

　と西川さん、またひとつ持ち帰るものが増えそうだ。

**旅の途中で出会ったおもちゃの原点**

　ドイツの旅の途中のおもちゃ博物館で思わぬおもちゃとの出会いがあった。第二次世界大戦後まもない頃のありあわせの端切れでできた人形、木工の車。手作りの箱。「第二次世界大戦でドイツはもちろん、ヨーロッパの多くの都市が破壊されました。これらは明日の生活もままならない時に、当時の親たちが我が子のために手作りしたものなんです」と館長のカリンさん。「胸にグッときましたね。そのおもちゃを作った親たちの想いに原点があるような気がします。遊びって本当に大切だったし、家族を繋げるモノのひとつだったんですね」

「ほら、キツネが街に現れた！」と実演してくれるシモーネさん

触覚の神経衰弱

戦争直後の手作りおもちゃ

美しいおもちゃ

　今回の旅を終え、西川さんはドイツとスイスのおもちゃのそれぞれの魅力を再認識する。

「ドイツは技術と歴史という、ちゃんと紡がれたものをもっている。例えばからくり人形やジオラマ、ドールハウスのように遊びと物語を重視している。対してスイスはそこに一つ洗練を加え、世界と繋がり、デザインにも重きを置いている。どちらもおもちゃに必要なもの。そして、子どもも大人も笑顔になれる新しいおもちゃを日本に紹介するのが僕の役割」

　たくさんのおもちゃのバックストーリーを胸に詰め込んだ西川さんだった。

# ヨーロッパのおもちゃで遊んだ子ども時代

## 母が立ち上げたアトリエ ニキティキ

「アトリエ ニキティキ」は、もともと僕の母親・西川敏子が立ち上げた玩具の輸入販売会社です。母とその妹、つまり僕の叔母と一緒に仕事をしていました。

会社名の由来はドイツ語版のイギリスの絵本『DOMINIK DACHS』に出てくるハリネズミのキャラクターの名前です。なぜハリネズミの名前だったのかは母に聞かないとわかりませんが「ニキティキ」という発音の可愛いらしさ、他にない響きもよかったのかもしれませんね。

そういう母が仕入れてきた木のおもちゃや絵本は、家にもたくさんありました。押し付けられることもありませんでしたし、ごく自然にさまざまなおもちゃに触れて遊んでいた記憶があります。

父はその頃はまだ鉄鋼メーカーに勤めていましたが、母が頻繁にヨーロッパへ行っていましたので、やがて父もシンプルでデザインの優れたヨーロッパの生活用品を輸入する会社を始めました。父も、ヨーロッパは好きな場所だったようです。

母と叔母は忙しく仕事をしていて、僕の幼稚園のお迎えは会社のスタッフが来ることもありました。今なら登録してある人しか迎えには行けませんが、当時はそういうところは、割と緩かったですよね。叔母の子どもと僕は同い年でしたから、きょうだいのように育ちました。

あまりにも会社が忙しい時は、彼女たちもスタッフも僕たちの迎えをすっかり忘れていて、幼稚園の玄関で、先生と一緒にお迎えを待っていたこともありましたね。

## 運動が好きな子どもでした

小学校に上がると、帰りは会社に寄って荷物を置いて、体操教室や水泳教室などの習い事へ行ったりしていました。お店で遊んでいることもありましたが、運動神経がよかったので、体を動かす方がどんどん好きになりました。

かけっこ。マラソン。走ることは得意でした。小学校高学年で部活が始まると、サッカー部に入りたいと思ったのですが、当時サッカー部は大人気で。定員オーバーで諦めました。それで、担任の先生が顧問をしていた陸上部に入りました。どちらかというと、長距離が得意でした。

幼稚園の頃から、冬は家族でスキーに行っていたので、スキーにも親しむようになりました。12月と3月下旬は、子どものためのスキーキャンプにも行っていました。

やがてスキーは、僕とヨーロッパをつなぐきっかけになっていきます。両親がそれを意図したわけではないと思いますが。とにかく、好きなことを好きなようにやらせてくれる雰囲気はいつもありました。

## スキーのことしか考えていなかった

**テレビゲームは買ってもらえなかった**

　おもちゃに関係のあるところで話しますと、小学校高学年くらいになると、テレビゲームがほしくなりました。流行だし、友達の多くは買ってもらっているし。「テレビゲームがほしい」と言うと、母は日々の生活におけるルールに関して、何かしら約束事をつくって「約束を守れたら買ってあげる」と言いました。

　でも結局、買ってもらえなかった。

　母は「約束を守らなかったから、買わなかった」と言いますが僕も必死で約束を守るほどのこともなかったということは、

そこまでしてほしいと思わなかったのかもしれませんね。

　中学の部活はサッカー部で、高校でも続けました。成蹊学園だったので、そのまま大学へ進学もできたのですが、僕はそのまま行かず、大学は浪人したんですよ。

　それで、その先のことを真面目に考えました。サッカーをやってもプロになれるわけじゃない。社会人リーグに入って選手になるとか、それも違う。

　それと、家族から離れたいという気持ちがありました。10代ならではの、反抗心が芽生えていたのかな。

　ただスキーは相変わらず楽しくて、中学

オーストリア・キッツビューエルのスキースクールにて。キッズグループを受け持つことも

国際玩具見本市会場メインエントランス

生くらいまでは年末に家族と一緒にどこかへ滑りに行っていました。

### オーストリアへスキー留学

それで19歳のとき、オーストリアにスキーのインストラクターの国家資格があると知り、それを取りたいと思ったんです。

海外に住むことに怖れはありませんでしたが、いかんせんドイツ語ができない。とりあえずスポーツの勉強もしようと、その後、2浪して体育大学へ進みました。スキーをやりながら4年間。卒業してからドイツへ行って半年勉強しました。それでドイツ語は少し喋れるようになりましたね。

それでもまだ、母がやっているおもちゃの会社を継ごうとは思っていませんでした。どこまでもスキーのことしか考えていなかった。

冬が終わって日本に帰ってきて、また冬にドイツへ行く。そんな繰り返しでした。ただ、母がおもちゃの買い付けに来るのに合わせて呼ばれ、同行させてもらったことがありました。

ニュルンベルクの国際玩具見本市に同行したとき、そこであるメーカーの社長が母にこんな相談をしたんです。

「あと何年できるか。私には後継者がいないんです。どうしたもんかな」

仕入れの話だけでなく、母にそんな大事な相談をしているのか、と、僕は驚きました。何十年もヨーロッパの人たちと仕事をしてきて、母はきちんと人間関係を築いていたのです。

すごいな、と思いました。それと同時にふと思ったんです。

「ニキティキは、どうなるんだろう。誰が会社を継ぐんだ?」

# 26歳、会社を継ぐ決断

### 僕が遊んでたらダメだな

ヨーロッパの小さな街の小さな工房で、こだわりをもつ人々が代々、作り続けているおもちゃたち。それを作る人たちと心の交流をしながら、そのおもちゃを日本で広めてきた母。

僕は現地の人が母に家のことを相談するその現場に遭遇して、心を決めました。「僕が遊んでたらダメだな」と。

26歳の頃でした。

ニキティキでは倉庫でアルバイトをしたこともありましたが、2001年5月に正式に社員として入社しました。

入社して社内を見渡してみると、すべてがアナログなことに驚きました。長い黄色い紙に、どこのメーカーからどんなおもちゃが入っているのか、手書きで書いていたんです。

発注書などもすべて手書きです。在庫管理もアナログですから、商品を出してチェックし忘れていることもある。

在庫確認の電話があると「在庫はあると思いますよ」という感じで、微妙なものは「折り返します」と言って倉庫へ探しに行って実物を確認してから「あります」と電話してい

たり（笑）。

そのシステムをデジタルにしていくことが、まず僕の仕事でした。どれだけ手をかけずに、効率的に仕事を進められるか。手書きの表をパソコンを使って出力できるようにして効率化を図ったこともありました。

### 焦りも失敗もありました

2008年10月に母と共に代表取締役になりました。母は、僕に「やりたいようにやりなさい」としか言いません。でもニキティキが「好奇心とアイデア、創造力を養う美しいおもちゃ」を「親御さんに手にとって、選んで買ってほしい」というコンセプトは、創業時とまったく変わりません。

新しいおもちゃを輸入するときは、母やスタッフに相談します。僕が選んできて売れたものもあれば、売れなかったものもあります。そのときは素直に謝ることにしています。

駆け出し社員の頃は創業者の息子ですから、他の社員はどう接していいか、困ったと思います。15年くらい前でしょうか。自分が社長になって、なんとかしなきゃという焦りと、思った通りに動いてくれないスタッフへの苛立ちで、感情的になってしまったことがありました。そのとき、若いスタッフに「アンガーコントロールしなくちゃダメですよ」と言われて「そうだよな」と思ったんです。自分はまだまだだったな、と。

以来、自分はだいぶ変わったと思います。

もちろん一緒に働いているスタッフにも感謝していますし、そういう僕を長い目で見てくれる母親にも感謝しています。彼女は僕に対して「会社を継いでほしい」とはひと言も言わなかったんですよね。僕は自分の意志で、ニキティキを継いだのです。

**おもちゃをめぐる環境が素晴らしい**

今回、スイスのネフ社の3代目であるパトリック・エングラー社長の家に招かれたのですが、その街にはフリーで使える運動場があり、子どもたちが芝のグラウンドでサッカーをしていて。とにかく環境が素晴らしいかったですね。

エングラーさん宅も、緑に囲まれた広々とした明るい邸宅で、子ども部屋はもちろんのこと、廊下から書斎にまでおもちゃが飾られている。庭にはトランポリン、木の下にはブランコ、廊下からテラスへと出ると、椅子とテーブルがあって、山々がパノラマのように広がる。それがエングラーさん一家にとっては特別ではない日常なのです。家族の場所に様々なおもちゃが置いてあるのもすごくいいと思いました。おもちゃをめぐる環境ごと持ち帰りたい気持ちに駆られました。

今の世の中って、遊ばなくなったら捨てちゃって終わりというのも多くあると思うんですけれど、長く自分の生活に溶け込んで、一緒に成長して、次の世代にも残していけることがステキだと思います。

ネフ社のエングラーさん宅。テラスから見えるパノラマ

・・・海外出張のお楽しみプレート・・・

シュパーゲル(白アスパラガス)と茹でた肉／ドイツ・ザイフェン

シュパーゲル入りグラタンとサラダ／ドイツ・ザイフェン

ニュルンベルガーローストブラートヴルスト／ドイツ・ニュルンベルク

ショイフェレ／ドイツ・ニュルンベルク

美しいおもちゃ

## 暮らしの中におもちゃを届ける

### ネット販売も視野に入れて

　母は今86歳。2010年から、買い付けにも行かなくなりました。以前は2月と、2、3年に一度は夏も行っていたものです。

　現在、ヨーロッパへの買い付けは、2月の一度だけです。本来は春、秋と3度行けるとベスト。見本市のような大きな場所に出て来ないメーカーもありますから。今回のように工房を訪ねるのは貴重な体験でした。

　「アトリエ ニキティキ」本社と本店は吉祥寺にあり、全国の玩具店や百貨店などに卸しています。「親御さんに手にとって選んで、買ってほしい」がコンセプトですから、コロナ禍で外で買い物ができなくなってしまった時、「どこで買えるんですか」とよく聞かれました。

　世の中はネットショップ全盛。手作りの工芸品のような在庫数の少ないものもありますから、すべてをネットで売ることはむずかしいかもしれないですが、取り扱っているおもちゃの一部を選んで、ネット販売をしていってもいいのかなと考えています。

### なくしてはいけないおもちゃの時間

　コロナ禍、ウクライナ危機がヨーロッパを含め、おもちゃ市場にも大きな影響を与えていて、工場を移転したメーカーもありますし、原材料も高騰していたり、技術を継ぐ人がいなかったり。遊ばなくなったら捨てちゃって終わりというおもちゃもあったり、遊ぶ時間がなかったり、デジタルゲームが大好きな子どもたちもいます。だからこそ、温もりを感じ、創造力を引き出し、暮らしの中に溶け込んで美しく、大人も子どもも楽しめるおもちゃは、そのおもちゃで遊ぶ時間も含めてなくしてはいけないと思うのです。ニキティキのおもちゃで遊ぶ子どもたちの笑顔、それを見守る大人たちの笑顔を、もっともっと増やしていきたいと思っています。

# 西川 涼さんへ10の質問

∙∙∙∙∙∙∙∙∙∙∙∙∙∙∙∙∙∙∙∙∙∙∙∙∙∙∙∙∙∙∙∙∙∙∙∙∙∙∙∙∙∙∙∙∙∙∙∙∙∙∙∙∙∙∙∙∙∙∙∙∙∙∙∙∙∙∙∙∙∙

**❶ 子供のころの夢は何でしたか?**

野球、サッカー、スキーとスポーツ三昧で、それらを教える人になれたらと。

**❷ 座右の銘は何ですか?**

「桃李不言下自成蹊。桃李もの言わされども下自ずから蹊を成す」。やるべきことをやっていれば、結果はついてくるのかなと信じています。

**❸ 行ってみたい国、街ベスト3は?**

まずスキーのできる大きな街。それからスイスとドイツのまだ行けていない街。ドイツ語が通じてまだ行けていない街ですね。

**❹ 自分の性格で一番自慢できるところは?**

すべての子どもが好きなところ。ちっちゃい子が笑顔でいてくれたら、それだけで嬉しくなってニヤニヤしてしまいます。

**❺ リフレッシュはどうやってしますか?**

コロナの前は高校の同級生たちとフットサルをやっていましたが、今はゴルフかな。ひとりの時間はサウナでつくります。でも毎日仕事を終えて、子どもたちと家で過ごすだけでリフレッシュできます。

**❻ 仕事をする上で大切にしていることは何ですか?**

メーカーの皆さんとともに前に進むために何ができるかを常に考えます。そして何よりもおもちゃを使う子どもたちの気持ちですね。

**❼ 駆け出しの頃に役に立ったアドバイスは何ですか?**

創業者の息子からアルバイトして社員になったので、思った通りに動いてくれない人に感情的に怒ったとき「アンガーコントロールしなくちゃダメです」と言ってもらえたこと。

**❽ 海外で仕事をするときに大事なことは何ですか?**

メーカーとの今までの関係や歴史をきちんと知った上で、こちらの言い分をきちんと言葉にして伝え、先方の言い分もきちんと聞くことです。「言わなくてもわかってくれるよね」と思ってはダメですね。

**❾ 世の中にもっとあってほしいモノは何? 減ってほしいモノは何?**

あってほしいものは子どもたちが自由に遊べる場所。減ってほしいものは「子どもの声がうるさい」というクレーム。

**❿ 明日やりたいことは何?**

ヨーロッパに行きたいですね。

# 西川 涼 *Ryo Nishikawa*

1974年東京生まれ。1971年創業の「アトリエ ニキティキ」代表取締役。成蹊高校、順天堂大学卒。オーストリアにスキー留学するが、26歳の時、ニキティキを継ぐ決意をする。二児の父。最近ゴルフを始めた。

写真協力:アトリエ ニキティキ　西川 涼　　photo:広川智基　　text:森 綾

美しいおもちゃ

### 加藤安都子さんと行く

# デンマーク、アルザス 極上のティータイムを 届ける旅

創業1870年のパティスリーでも最先端の
カフェでも、デンマークの人はお茶とスイーツ
でヒュッゲな時間を過ごす。そんな習慣も
一緒に届けたいとデンマークに出かけたの
は山本商店の加藤安都子さん。5つ星ホテル
のホテリエから転身した異色のバイヤーだ。
「バイヤーは人と人、国と国の掛け橋」だと
いう加藤さん。極上のティータイムへご一緒に！

## Mission of Buying

# バイヤーは架け橋。モノの背後にある
# 文化や歴史をまるごと伝える

## ホテリエからバイヤーに転身

「モノを輸入するだけでなく、その国や地域の文化や歴史、ライフスタイルまでを伝えたいんです」

旅するバイヤーは総合商社の山本商店・加藤安都子さん。かつて、イタリアの5つ星ホテルに16年勤務。長い海外経験を武器に、その国の魅力あふれるスイーツを数多く日本に紹介してきた。今回、極上のティータイムを彩る日本未上陸のお茶とお菓子を求めて、北欧デンマークを訪れる。

千年の歴史を有するヨーロッパ最古の王国デンマーク。その首都コペンハーゲンは、伝統と革新が行き交う。北欧のトレンド発信地として知られ、美食の街としても注目を集めている。加藤さんは老舗とトレンド、両方のカフェをめぐり、デンマークの Hygge（ヒュッゲ）を体験する。ヒュッゲとは、「居心地がいい空間」や「楽しい時間」という意味で、デンマークの人々がとても大切にしているもの。日本にも取り入れたいコンセプトだと加藤さんは語る。

さらに、フランス・アルザス地方へも足を伸ばした。スパイスの効いた伝統の郷土菓子とともに、アルザス独自の文化を伝えたいと意気込む。加藤さんにとってバイヤーとは、国と国、人と人との"架け橋"なのだ。

## 10歳でアメリカ。25歳でイタリアへ

加藤さんが初めて外国に行ったのは、10歳の時。「お年玉がたまったから、アメリカに行ってらっしゃい」と英語の教師だった母親に背中を押され、国際児童年の年に国際親善団に参加してカリフォルニアへ。「世界にはいろんな人がいると目の当たりにし、海外の人たちとわたり合うツアーコンダクターの女性がかっこいいな」と思ったという。

大学の英文科を卒業後は海外のお客様を迎えるホテルに就職。しかし、ホテリエとしてもっと成長したいとイタリアへ留学する。25歳の時だった。日本でイタリア語スクールへ通っていたにもかかわらず、ホテルスクールの専門用語にはまったく歯が立たず、途方にくれる。日本から専門書を取り寄せて、イタリア語と照らし合わせて「人生でもっともがんばった2年間」だったという。卒業後はイタリアの5つ星ホテルで憧れのインターナショナル・ホテリエデビュー。9年後には18室のスモールラグジュアリーホテルからヘッドハンティングされ、イタリアで16年間ホテリエとして活躍する。その後、神戸のラグジュアリーホテルを経てバイヤーへと転身した。きっかけは、イタリアの最も苦しかった時期にもらったチョコレート「ジャンドゥーヤ」。その輸入元が転職先の山本商店だったのだ。

「寒いです。気温は0度くらい。でも、みなさん外でもお茶しています」

白い息を吐きながら、加藤さんは薄暗い朝のコペンハーゲンの街をヒュッゲを見つけに進む。

極上ティータイム

# Research of Copenhagen

DENMARK
デンマーク

スウェーデン

コペンハーゲン

ドイツ

COPENHAGEN
コペンハーゲン

レッカーベア

A.C.パークス

ラ・グラス

マガジン・デュ・ノルド

チボリ公園

## コペンハーゲン

デンマーク東部のシェラン島東端に位置する首都。北欧のパリとも称される洗練された町で、カーボンニュートラル、自転車レーン構築などが進んだ環境先進都市。男女同権、ワークシェアリングなども進んでいる。船商人たちの拠点ニューハウンや400年の歴史をもつローゼンボー城が人気の観光スポット。

## チボリ公園

コペンハーゲンの中心地に1843年に開園した遊園地。8万2,000㎡超の敷地に、広大な庭園とアトラクション、野外ステージが併設され、人々の憩いの場となっている。ウォルト・ディズニーがディズニーランドの構想を練る際参考にしたという逸話も。

## マガジン・デュ・ノルド

コペンハーゲンの中心地、コンゲスト・ニュート駅の目の前にある、デンマーク最大規模の百貨店。雑貨や食器など北欧デザインの品揃えが充実。ビュッフェ式のカジュアルレストランもある。ゴシック様式の建物が壮観で、夜のライトアップも美しい。「Matcha Bar」と朝ヒュッゲの「ウインタースプリング・デザート・バー」の姉妹店はこのデパート内にあった。

## ラ・グラス

1870年創業、デンマークで最も古いパティスリー。1階がカフェ、2階がブティックで、ケーキやクッキーなどをテイクアウトできる。シグネチャーメニューのレイヤーケーキのほか、タルトも人気。イートインではアイスクリームやクロワッサンなどのパンも提供している。

## レッカーベア

スペインのチョコショップ「オリオール・バラゲ」で経験を積んだパティシエ2人が、コペンハーゲンの中心地から電車で15分ほどの閑静な住宅街に2014年オープンしたコンフェクショナリー。国民的に人気のバタークッキーを出発点に、地元に根ざした食材を用いたハイセンスなデザインの焼菓子を販売。

## A.C.パークス

1835年創業、北欧最古の老舗紅茶ブランド。デンマーク王室御用達で、最良の茶葉を厳選。手動式の天秤で量り売りする。カフェも併設し、紅茶イベントも定期的に開催。コペンハーゲン、オーフス、オーデンセ、コペンハーゲン国際空港の4店、国外にも2店の販路をもつ。

パリ

アルザス

FRANCE
フランス

ストラスブール

ゲルトヴィラー

ALSACE
アルザス

## フランス アルザス地方

ライン川沿いの平野地帯に広がる、フランス北東部の
歴史ある地域。ドイツ、スイスと国境を接しており、仏
独両国の文化が融合した独自のものとなる。パリから
電車で2時間半の首府ストラスブールでは、16世紀から
というフランス最古のストラスブール・クリスマスマー
ケットが開かれ観光客に大人気。

## ミレイユ・オステール

創業1933年、ストラスブールに2店舗を構えるパン・デ
ピスの専門店。正統派の正方形のものからバータイプ
のもの、ハート型のものなど形はさまざま。天使ケルビ
ムが出迎える優雅な"クリスマスの象徴"の味は、街で
長く愛されている。

## フォートウェンガー

アルザスを代表する老舗のパン・デピスメーカー。スト
ラスブールから車で約30分、ゲルトヴィラーという街で
パン職人のシャルル・フォートウェンガーさんが1768年
創業。今も同じ場所で営まれる本店は、手作業による
工房と、パン・デピスの歴史がわかるミュージアムも併
設。1年を通してクリスマス気分を味わえる。

## 山本商店

神戸で創業100年を誇る輸入貿易、卸売り、洋菓子製
造、小売りを営む総合商社。ヨーロッパの食材を中心
に、厳選された商品を販売する。イタリアのチョコレー
ト「カファレル」やヌガーの「バルベロ」など、歴史と文
化を感じさせるブランド菓子を多く取りそろえる。

極上ティータイム

## Mission 1

# 創業1870年のパティスリーで
# 伝統のカフェ文化を体験

### 創業1870年、老舗店の伝統のケーキ

　まず加藤さんが向かったのは、デンマーク人に愛され続けてきた老舗のカフェ。創業1870年、デンマークで最も古いパティスリー La Glace（ラ・グラス）で、独自のカフェ文化を体験する。店には常時、40種類を超す見目麗しいお菓子やケーキが並んでいる。デンマーク人は無類のスイーツ好きで、お菓子の消費量は世界トップクラス。「女性はもちろんおじさんも、若い男の子も、みんな甘いものを食べている感じでした」。

　加藤さんはこの店の人気のケーキをセレクトした。一つはヌガーが入ったクリームを何層にも重ねた「スポーツケーキ」。130年ほど前に生まれたという伝統あるケーキだ。もう一つは、19世紀のフランスの有名女優の名前が付いた「サラ・ベルナール」。ダークチョコレートの中に、ガナッシュクリームが隠されていて「濃厚です。ガナッシュは洋酒が効いて美味しいです」。

　甘味の強いケーキには、シナモン、オレンジ、ローズがブレンドされた香り高い紅茶を合わせた。「ガナッシュに入っている洋酒の香りと、紅茶のスパイスの香りが、すごくいい感じで鼻に抜けていきます」。顔には自然に笑みが広がる。

### ゆっくり時間をかけることが大切

　「気に入っていただけたかしら？」と加藤さんに話しかけてきたのは、店主のマリアネ・コロスさん。

　「ええ、とっても。ケーキと紅茶のマリアージュも楽しめました。デンマークの人は甘いものが欠かせないんですね」

　「そうなんです。ティータイムはリラックスするもの。みんなで楽しむ時も、一人で楽しむ時も、ゆっくり時間をかけることが大切よ」

　と、コロスさんは教えてくれる。「ステキなお考えですね」と返す加藤さんに、「だから、この店は150年以上も続いているのよ」と穏やかに答えるコロスさんの顔には、伝統を継ぐ者の矜持が表れていた。

手前が「サラ・ベルナール」

「ゆっくり時間をかけることが大切よ」

　店の中は、観光客よりも、地元の客で賑わっている。老舗をリスペクトする文化、そして、ティータイムを愛する文化がデンマークには根付いているのだ。

「休憩するためにカフェに行くのではなく、お茶とお菓子と語らいを楽しむためにカフェに行く。大人の社会だと感じました」

　初めて訪れたデンマークは、同じヨーロッパでも、加藤さんが長く過ごしたイタリアとは印象がかなり違ったという。

「イタリアは大好きな国ですが、イタリア人は、よく言えば自由、悪く言えば自分本位が過ぎるところがあります。対してデンマーク人は、他人のことをおもんぱかりながら生活していると感じました。例えばイタリア人は、外国人を見ると、面白がって話しかけがちなんです。珍しいから。悪気はなく、彼らの好奇心の表れなのですが、驚く旅行者もいるでしょう。デンマーク人は、英語ができるということもあって、旅行客ともごく普通のコミュニケーションをとっている。成熟した社会ですね」

　幸福度の高い国は、旅行客にも優しい国なのだ。

### 最先端カフェの近未来的な味とは？

　最先端のティータイムをリサーチに訪れたのは感度の高い若者に人気のカフェMatcha Bar（マッチャ・バー）。店名の通り、オリジナルの抹茶ドリンクを楽しむことができる。オーナーのミカエル・クリステンさんは「抹茶は健康に良いと知って店を始めたんだ。料理は全てオーガニック、グルテンフリーで、砂糖も使っていない」と語る。

　加藤さんが注文したのは、一番人気の抹茶ラテ。牛乳の代わりに、植物性のカシューナッツミルクを使用している。

「不思議な味です」

　次に試してみたのは、ココナッツから作ったヴィーガンパウダーを使用した抹茶ケーキ。

「近未来的な味です（笑）。昔、ニューヨークで初めてヴィーガンレストランに行った時に、ウサギの餌を食べている気分になった

のを思い出しました。でも、2年後に食べたら美味しいと感じた。人間の味覚はブームに合わせて変わっていくのかもしれませんね」

　実際、加藤さんはその後、植物性のミルクを毎日飲むようになったという。

　店に来ている若い女性たちに抹茶の魅力を聞くと、健康や美容への効果を口にした。抹茶というより、トレンドの核にあるのは「健康ブーム」らしい。

### 酪農大国デンマークの映える焼き菓子

　もう一つ、加藤さんが気になっていたのは、小さくて"映える"デザインと、上品な甘さの焼き菓子が人気の店Leckerbaer（レッカーベア）。酪農大国と言われるデンマークでは、バターやクリームを使った焼き菓子が定番だが、さて、どんなスイーツに出会えるのか？

　店に入るやいなや、「全部美味しそう！全部可愛い！」と声を上げる加藤さん。店

で一番人気は、アーモンドのフィナンシェの上にパッションフルーツを、さらにその上にメレンゲを重ねた焼き菓子。「黄色×白」の見た目がラブリーな上に、食べやすさも魅力だ。「ヒンベア」と名付けられたクッキーは「ラズベリーの酸味がすごく爽やか。ピンク色が可愛くて女子受けしそう」と加藤さん。

「好きなケーキを選んで、箱に詰め合わせるようにできるだけ小さくすることが大事だった」とオーナーパティシエのギャビ・モーエンセンさん。

伝統の菓子はモダンにアレンジされて、新たな伝統を作っていく。「日持ちすれば持って帰るんですが」と残念そうに、加藤さんは店を後にした。

## ミシュランシェフの人気朝ごはん

「今、8時20分なんですけど、ほんの15分くらい前まで、まだ暗闇の中でした」

今回、加藤さんがデンマークを訪れたのは冬。デンマークの冬は日照時間が約7時間と短く、夜が長い。朝8時を過ぎた頃、ようやく明るくなる。そんな遅い朝をゆっくり楽しめる場所があると聞いて、加藤さん、朝から活動を開始した。

やってきたのは、Winterspring Dessert Bar（ウィンタースプリング・デザート・バー）。ミシュラン星付きレストラン出身のデザートシェフが、カウンター越しに目の前で、オーガニックな朝食をコース仕立てで作ってくれる。

「朝とは思えない雰囲気。満席です！」

この店に限らず、朝のティータイムをゆっくり楽しむのがトレンドになっている。

「カロリーを気にしなくていい朝食を、もう少しリッチにしていいんじゃない、とこ

の店ほど豪華でなくパンとコーヒーだけでも、家で朝ごはんを作らず街に出て朝食を楽しんでいる人をけっこう見かけました」

## 森へ散歩に行くように、自然を味わう一皿

人気シェフの一皿目はオーガニックヨーグルトとグラノーラ、プラムとフレッシュハーブ添え。「ヨーグルトの酸味がすごくまろやかで、レモンとミントの香りはとても食べやすい」と加藤さん。続いて、ライ麦パンの上にポーチドエッグ、ネギのムース、エンドウ豆の新芽をのせた一皿。「森へ散歩に行くように、お客さまに自然を味わってもらいたくて作った一皿です」と、シェフの説明も詩的で独創的だ。一口食べた加藤さん、「これは特筆すべき味です」と感嘆する。「卵も含めてクリームに絶妙に塩味が効いていて、美味しいです」。さすが酪農王国であるデンマークの乳製品。

さらに、朝摘んだばかりのフレッシュなハーブのお茶が注がれる。ミントとレモンヴァーベナのハーブティーを味わう至福の時。平日の朝からこんな素敵なモーニングを食べに来ている人たちはどんな生活を送っているのか聞いてみた。

「ここへ来ると、一日の良いスタートが切れるの。リラックスできる」

「休みの日の朝にスイーツを食べて、自分を甘やかすんだ。感性が刺激されて、とても"ヒュッゲ"な気分になるよ」

ヒュッゲ（Hygge）＝心地よい時間を楽しむ、日本の朝活ならぬ、デンマークの朝ヒュッゲ。朝をゆっくり過ごすことで気持ちに余裕が生まれ、良い一日につながるという好循環を生んでいるようだ。朝ヒュッゲ、日本でも流行りそう、と加藤さんは見た。

※Matcha BarとWinterspring Dessert Barは現在は閉店。

# *Mission 3*

# 王室御用達、
# 北欧ブレンドティーを買い付ける

## 壁に沁み込んだお茶の香りが迫りくる

　リサーチに続いて、今回の旅の重要なミッション、北欧ならではのブレンドティーの買い付けへ。向かったのは、行列が絶えない茶葉専門店A.C. Perch's Thehandel（A.C. パークス）。1835年創業、デンマークで最も古く、長年、デンマーク王室御用達も務める。200種類を超すお茶を扱い、香り高いお茶を好むデンマーク人のこだわりに応え続けている。店内に入った加藤さん、まずは香りの中に長い歴史を感じとった。「壁に沁み込んでいる1800年代からのお茶のいい香りが、わーっと迫ってくる感じがします」

　3年前からこの店を担当している加藤さんは、店を継いで7代目となるスティーネ・ヒンチェルディさんと再会した。
「来てくれて嬉しいわ！」

　茶葉を購入するのは1階で、2階のティーサロンでブレンドしたてのお茶を味わうことができる。加藤さんは台湾ウーロンにジャスミンとアールグレイをブレンドしたお茶・ブルノンヴィル（Bournonville）をいただいた。
「確実に知っている香りという感じで、すごく飲みやすいです」

　デンマークでは昔から、森で採れるカモミールやラズベリーを煎じて飲んでいた。17世紀頃、アジアからお茶が持ち込まれると、木の実や果実、ハーブなどと組み合わせた香り高いお茶が広く飲まれるようになる。そうした歴史を経てデンマーク人は、今もブレンドティーを愛している。

## 全7種類のブレンドティーを試飲する

　加藤さんは次の春夏に向けた新しいブレンドティーを探そうとしていた。「試飲の準備はできているわよ」と、マネージャーのモニカ・メンズィンスキーさん。果実やハーブをブレンドした、北欧デンマークらしいお茶・全7種類が、専門のブレンダーによって準備されていた。

　加藤さんが試飲したお茶の一例。
【ホワイトマルベリー】白茶、マルベリー（クワの実）、リンゴ、パパイヤ、マリーゴールドの花びら、コーンフラワーの花びらなど。／「フェミニンテイスト」との感想。
【グリーンサマー】白茶、緑茶、グリーン

200種類を超すお茶を扱っている。2023年秋のサイトのトップは"Matcha"

「おいしい」笑みがこぼれる

テイスティング用のカップは少し欠けていたり

ルイボス茶、砂糖漬けパイナップル、ラズベリー、グアバ、トウモロコシ、シーバックソーン（オレンジ色をした北欧のフルーツ）／「とても爽やかな味で、アイスティー向きかも」との感想。
【ホワイトストロベリー】白茶、緑茶、イチゴ、リンゴ、薔薇の花びら／「クリームテイストで、ホワイトデー向けによさそう」との感想。

A・B・Cで評価しようと考えていたが、どれも美味しく、一つを除いてAばかり。6種類を社内で検討することになった。最後にスティーネさんが、デザート代わりになる紅茶の楽しみ方を教えてくれた。温かい紅茶にウイスキーを合わせ、ホイップクリームを載せる。いただいた加藤さん、「ウイスキーたっぷりだけど甘すぎず飲みやすい。ほっこりします」

## Mission 4

# デンマークの人がこよなく愛する
# ヒュッゲな時間を知る

**暖炉に癒やされて……素敵なお宅訪問**

　ここまで何度か紹介したヒュッゲは、心地よく過ごす、くつろぎの時間を表わすデンマークの言葉。どこで誰と何をするかはその人次第で、ゆっくりとリラックスするために、それぞれのヒュッゲがある。

　道行くデンマークの人々に「あなたにとってのヒュッゲは？」と訪ねると、こんな答えが返ってきた。
「家でくつろいで映画を観たり、ろうそくを灯して美味しい紅茶を飲むこと」「のんびりソファに寝転んで、ろうそくを点けているのがヒュッゲだよ」「ソファに座って甘いものを食べるのがお決まりなの」。

　家の中で過ごすヒュッゲなティータイムとはどんなものだろうか？　これまで、デンマーク人のライフスタイルを伝えるべく、カフェでのティータイムをリサーチしてきた加藤さん。次は、家の中での過ごし方を知りたいと、老舗茶葉専門店のオーナー・スティーネさんとともに、スティーネさんの友人シャロッテ・グラバーセンさんの自宅に伺うことになった。

　クリスマスシーズン、シャロッテさんの家の玄関にはツリーが立つ。部屋に足を入れるやいなや「素敵なお部屋！」とため息が漏れた。広々と明るいリビングには、北欧らしいセンスのよい家具、癒やしをもたらす暖炉……。空間がヒュッゲそのものなのだ。さらに家のヒュッゲに欠かせないもがあるという。デンマーク人がこよなく愛する焼き菓子「エイブルスキーバー」（アップル・スラ

イスの入った球状のパンケーキ）だ。

**まるでたこ焼き！ ヒュッゲに欠かせないお菓子**

「たこ焼きと同じシステムですね」
　シャロッテさんがエイブルスキーバーを焼く様子を見ながら、加藤さんは笑った。日本の「たこ焼き機」と似た道具で、この小さなお菓子は作られる。しかし、たこ焼きと違って、ひっくり返すのは1回だけ。材料は小麦粉と生クリーム。中に小さなリンゴを入れることもあるという。

　この素朴なお菓子に、中国トーチャにミントとオレンジとシナモンが入ったブレンドティーを合わせて、さあ、ヒュッゲなひとときの始まり！

　粉砂糖とラズベリージャムを添えたかわいいエイブルスキーバーを、加藤さんは手にとる。
「フォークで食べるより、手で食べるほうが、よりヒュッゲな感じがします」
　シャロッテさんは同意してこう言う。
「ヒュッゲって自分へのご褒美だと思うの。自分のための時間だったり、友達や家族との時間を、ただ気持ちよく過ごすってこと。キャンドルも外せないわね」

　ロマンチックに、ゆったりと、自分らしい時間を。加藤さんは夢見ていたヒュッゲを堪能した。ちなみにエイブルスキーバーはレンジで温めるだけの冷凍も売っているという。家での団らんに欠かせないお菓子だが、作り方は自分らしくてよいのだ。

極上ティータイム

ヒュッゲな食器はロイヤルコペンハーゲン！

## Mission 5
# アルザスで冬の定番スイーツを探す

**アルザスの文化の味、パン・デピス**

　極上のティータイムを彩る日本未上陸のお菓子を求めて、加藤さんの旅はさらに続く。次に向かったのはフランスのアルザス地方。ドイツとの国境沿いに位置し、その影響を色濃く残す木組みの家が立ち並ぶ。まるでおとぎ話の世界に迷い込んだよう。フランスとドイツの間で何度も争われながら、独自の文化と風土を守ってきたこの土地には、伝統の郷土菓子がある。「パン・デピス（＝パン・ド・エピス）」。今回、加藤さんが狙っているお菓子だ。

　エピスとは香辛料のこと。その名の通り、八角、胡椒、クローブなど様々なスパイスとハチミツが入った焼き菓子だ。歴史は長い。モンゴル、中東を経て11世紀頃、十字軍によってヨーロッパに伝えられたという。かつては修道院で作られ、巡礼者の贈り物にされていた。スパイスの強い香りとハチミツの甘い香りが織りなす独特の味わいが魅力で、スパイスで体がじんわりと温まる、冬の定番スイーツ。朝食やおやつに、お茶と一緒に楽しむ。

　「アルザスに根付いているパン・デピスを、アルザスの文化とともにぜひ日本に紹介したいんです。ただ、スパイスは日本人にあまり馴染みがないので、日本でも受け入れられる味を探そうと思っています」

　アルザスの伝統と日本人の好み。両者が幸福に交わる地点を探っていくのが、バイヤーとしての仕事の肝になる。

建物とクリスマスのデコレーションが雰囲気を盛り上げる

### 笑い、殺菌、健康……スパイスの効能

　向かったのは、街で人気のパン・デピス専門店 Mireille Oster（ミレイユ・オステール）。様々な種類のパン・デピスが所狭しと並んでいる。パン・デピスは形も、スパイスやハチミツの組み合わせも、店によって異なる。加藤さん、まずは生姜とレモンが入った、この店の伝統のパン・デピスを試食した。

「食感はちょっとパサッとしてますが、香りはすごく良いです」

　この店のレシピをすべて手掛けているオーナーパティシエのミレイユ・オステールさんが、パン・デピスに使っている主なスパイスを紹介してくれた。

「これはナツメグの皮。食べすぎると笑いが止まらなくなると言われているのよ。これはクローブ。殺菌力があるんです」

　ミレイユさんは"効能"を力説する。スパイスは医薬的な効果が期待でき、健康にもよく、しっかり焼くことで日持ちもす

る。だから私たちはパン・デピスを食べるのだと、誇りをもって話してくれた。

　フォアグラを合わせるのもおススメの食べ方だという。「フォアグラの塩味とスパイスが合います」と加藤さん。厨房では、甘く煮詰めたイチジク、プルーンなどのドライフルーツを入れたパン・デピスを試食した。「いろんな味が口の中で一気に広がります。いい調和なんだけど、もう少しソフトな味のほうが日本にはいいかな」。妥協なき、パン・デピス探しの旅が続く。

「全部に効能があるのよ」

極上ティータイム

**ムリに日本に寄せなくてもいいんです**

　日本人の口に合うパン・デピスを探して、次にやってきたのは、創業250年を超える銘菓 Fortwenger（フォートウェンガー）。これまでに200種類を超すお菓子を生み出してきたアルザスを代表する老舗だ。CEOのスティーヴ・リッシュさんと、輸入マネージャーのシナン・ヤヴィスさんが迎えてくれた。「So Lovely, So Cute!」。愛くるしいジンジャーブレッドマン形のパン・デピスを見て、加藤さんは歓声を上げた。パン・デピスはプレゼントとしても人気で、お祝いのときに、メッセージを入れたパン・デピスを贈ることもあるという。「結婚式や洗礼式、誕生日のプレゼントとして、名前を入れることもできます」。昔から変わらないやり方で作られたパン・デピスに、今の人たちが喜ぶ装飾を施しているのだ。

　買い付けの実現に向けて、試食させてもらうことになった。この日のために、シナンさんは日本人を意識したパン・デピスを用意してくれていた。「日本向けに新しく挑戦しました。抹茶、ゆず、あずき入りのパン・デピスです」。だが、加藤さんは、良い反応を示さない。「ムリに日本に寄せなくてもいいんです。日本のお客さんに紹介する時に、アルザスらしさがなければ

「日本に寄せなくてもいいんです。アルザスらしさがないと」率直な意見がビジネスを進める

「かわいい缶」は、強力アイテム

ミュージアムで見つけたジンジャーブレッドマン

意味がないと思うの。あなた方のブランドらしさがなければ」。一瞬、顔を曇らせるシナンさん。その後、加藤さんが「でも、挑戦してくれたことには本当に感謝するわ」と告げると、「わかりました」と、シナンさんの顔に笑顔が戻った。ビジネスを前に進めるのは、率直さと相手へのリスペクト。それが加藤さんの信条だ。

**アルザスが描かれた「かわいい缶」をギフトに**

最終的に、試食した中でもっとも食べやすいと感じた、菩提樹のハチミツのパン・デピスの輸入を検討することになった。ミッションは無事終了。だが加藤さんは、この老舗店で、もう一つ、日本に持ち帰りたいものを見つけていた。「かわいい缶」だ。

缶には、アルザスの子供たちや伝統的な衣装や暮らしが、暖かい筆致で描かれている。描いたのは"アンシおじさん"の名

で親しまれている画家ジャン・ジャック・ヴァルツ。第一次世界大戦後、フランス領となったアルザスで活躍したこの画家の絵は、アルザスを象徴するイラストとして知られ、イラストは今、地域の団体に託され、地元の商品に使うことができる。

缶にパン・デピスを2つ入れて「完璧！これでギフトになるわ」と喜ぶ加藤さん。「日本で売るときに、かわいいは強力なキーワードです。でも、日本人が好きなものを売るだけではなくて、日本人がまだ知らない、その土地の思いや歴史を一緒に伝えたい。缶を手に取った日本のお客さんに、こういう世界があるんだとアルザスに思いを馳せてもらいたい。そこまでが私の仕事だと思っています」

旅の終わりに加藤さんは、パン・デピスの歴史を伝えるミュージアムに立ち寄った。そこに溢れる子供たちの笑顔。スイーツには人々を幸せにする力がある。

# 10歳が転機。働くって楽しい

**国際親善団としてアメリカに行きました**

　愛知県の田舎で自由にのびのびと育った私の転機は、10歳の時でした。「お年玉がたまったからアメリカへ行ってらっしゃい」と、両親が送り出してくれたんです。1979年、国際児童年の年に、子供ばかりの国際親善団に参加してアメリカに行きました。世界にはたくさんの人がいるんだなあという、当たり前のことにものすごく感動して、国際的な舞台で何かしたい、という憧れが芽生えたのがこの時です。

　同じ頃、初めてアルバイトをしました。近所の牛乳農家のおじさんに、牛の世話を手伝ってくれたら500円あげるよと言われて。面白そう！ と思って友達と週2、3日通うようになり、自分の体を動かすことが誰かの役に立つ喜びを知りました。働くって楽しいなあ。子供心にそう刻まれたのがこの頃です。

　こう話すと積極的な性格に思われるかもしれませんが全くそうではなく、根は人見知りで心配性。でも淋しがり屋の一人っ子だったので、心を許した数人の友達にくっついていたい子供でした。学校でもリーダーシップをとるのは苦手。誰かの後ろでフォローするのが好きでしたね。学級委員はできないけれど、「副」委員ならやりますというタイプでした。

　大学で関東に出てきました。母が英文科を出ていたし、私も英語が好きだったので、ごく自然に英文科を選びました。

**家事手伝いのバイトで、サービス業に目覚める**

　大学時代はバブル期でしたが、派手な場所に行くのは怖い。でも行ってみたくて一番後ろから付いていく……。好奇心はあるけれど石橋を叩いて叩いて壊しちゃうような性格は、仕事を始めてからもしばらく変わりませんでした。

　でも、人生でチャンスを掴むためには、

チャンスが巡ってきた瞬間に飛び乗らなければいけない。できるだろうかと考えていたら、二度とチャンスは巡ってこない。そう気づいて、変わりました。

イタリアのホテルで働いている頃には、ずうずうしいくらいになっていたと思います。アントニオ・バンデラスにビリー・ジョエル……著名人が泊まりに来た時は、「私がご案内します！」と率先して手を挙げたり（笑）。人は変わるものですね。

卒業後の進路を決める時に役立ったのは、バイトでの体験です。いろんなバイトをした中に、老夫婦の家事手伝いがあったんです。学生課のバイト募集で見つけたもの

で、二人暮らしのおじいさん、おばあさんの家に週1回くらい行って、買い物をしたり掃除機をかけたりするんですが、バイト代がもらえて、毎回、お菓子をいただけるのも良かったんですが、何かするたびに「ありがとう！」と喜んでもらえるのが何より嬉しかった。

この経験を通じて、人に喜んでもらうことが、自分自身の喜びにもなることを自覚しました。それで、自分にはサービス業が合っているんじゃないかと。国際的な仕事ができそうということも決め手になり、就職ではいくつかのホテルを受け、パレスホテルに就職することになりました。

# 人生で一番がんばったイタリア留学の2年間

### 25歳で留学。イタリアでホテル経営を学ぶ

　入社後、毎日フロントに立って、連日の宴会に結婚式、外国からのお客さまにも凛と対応して……とインターナショナルなホテリエを思い描いていたら、2年目に人事部に異動に。もう少し現場で仕事をしたかった私は、接客の現場に戻るためにはどうしたらいいかと考え、ホテルスクールのディプロマ（卒業証明書）を取ればいいのではないかと思い至りました。しかし、ホテル経営を学ぶような適当な学校が日本にはありません。アメリカのコーネル大学が良さそうなんだけど、学費がめちゃくちゃ高い！　ヨーロッパを探すと、イタリアのフィレンツェに、私の貯金で行けそうな学校を見つけました。パレスホテルで3年働き学費を溜めて、イタリアに渡ったのが25歳の時でした。

　ところが、授業がまったくわからないんです。日本で、夜間のイタリア語スクールに通っていたものの、経営学、経済学、地理学、法律、マーケティング……といった専門分野はまったく歯が立たず、途方にくれました。でも落ち込んでいる暇はありません。日本から専門書を取り寄せ、まず日本語で勉強をして、イタリアの教科書と照らし合わせて暗記していく……という地道な作業を続けました。人生で一番がんばった2年間でしたね。クラスメートにもずいぶん助けられました。

　学校も評価してくれて、卒業試験の時に「あなたの2年間のがんばりは誰にも負けないものでした」と高得点をいただきました。それによって、イタリアの5つ星ホテルで働けることになったんです。憧れのイン

フィレンツェの友人たちとトスカーナの田舎へキノコ料理を食べに

ターナショナル・ホテリエデビューです。

### スモールラグジュアリーホテルでホスピタリティを学ぶ

　最初の5つ星ホテルで働いて9年経つ頃に、18室のスモールラグジュアリーホテルからヘッドハンティングをいただきました。「そろそろマネージャー職をやったらどうか」と。経験がないからどうしようと迷っていたら、「絶対、誘いに乗ったほうがいい、誰もが最初は未経験なんだから」と知り合いに背中を押され、決断しました。2年間そこで働いて、大失敗もありながら経験を積んだ後、また別のホテルからヘッドハンティングを受けました。今度は20室の、「スモール・ラグジュアリー・ホテルズ・オブ・

ザ・ワールド（SLH）」に加盟しているホテルでしたが、この時には「行きます。これだけ給料を上げてくれるなら」と即答も交渉もできるようになっていました。

顧客には世界中のセレブリティも多く、ソフィア・ローレンさんを2回ほどお部屋までご案内したことも。お客さんとスタッフという間柄ですが、覚えていてくださる人も多いんです。そういう方々を通じてホスピタリティを学びました。小さなホテルなので結婚式やパーティなど、貸し切り需要もありましたね。こうした舞台で仕事をした経験は、今に生きています。

### 人材募集をしていないのに
### 「働きたい」とメール

私はホテルで働く唯一の日本人でしたが、人見知りだった加藤安都子はもうどこにもいません。楽しく働いているうちに、あっという間に40歳手前。一人っ子ですから、そろそろ日本に帰らないと親も淋しいだろうと思うようになりました。そこで、

SLHの本部のスタッフに、加盟ホテルが日本にないかと尋ねてみたら、神戸にあったんです。HPを見たら感じがよいホテルだったので、メールを送りました。こういうキャリアとスキルがあるんですが、必要ないでしょうか、よろしければ働きたいと。その時は人材募集をしていないにもかかわらず、メールしました。すると返事をいただき、面接などを経て採用となったので、帰国することに。

### ジャンドゥーヤに引き寄せられて

神戸のホテルで2年働いた頃に、カファレルの輸入商社・山本商店が人材を探していることを知りました。心が動いたのは、当時、ホテリエの仕事はできてもイタリアにいたメリットを活かせていなかったから。それからもう一つ、こちらのほうが私にとっては重要だったのですが、カファレルの「ジャンドゥーヤ」を日本で売りたいと思ったからです。ジャンドゥーヤは私にとって、特別なチョコレートでした。

キャリアアップのチャンスをくれた
友人であり元上司でもあるサムエル夫妻

日本への帰国直前に伺った古巣
「ウェスティンエクセルシオールホテル」

# ホテリエからバイヤーに転職

### 泣いている時に励ましてくれたジャンドゥーヤ

カファレルは、1826年創業のイタリア・トリノの老舗チョコレートブランドで、山本商店は、日本での総輸入代理店業務および製造・小売事業を展開しています。私が入社するまでは、カファレルと言えば、日本ではテントウムシのホイルに包まれたチョコレートでした。日本は「かわいい」ものが売れるからです。

しかし、カファレルのイタリアでの人気商品は「ジャンドゥーヤ」です。焙煎したヘーゼルナッツとカカオを配合したこのチョコレートこそ、1865年以来、カファレルの主力商品なのです。

私はジャンドゥーヤに何度励まされたことか。イタリアで働き始めた駆け出しの頃、職業人としても日本人としても、辛いことや失敗が少なからずありました。そんな時、トイレでぐずぐず泣いていると、掃除のおばちゃんが「これ食べて元気を出しな」と、ポケットからジャンドゥーヤをくれるんです。大阪のおばちゃんが飴をくれるような感じで、しょっちゅうくれる。泣いていない時でも(笑)。そうやって励ましてくれたジャンドゥーヤを、日本でもっと売りたい、知ってもらいたい。その一心で、山本商店に転職を決めました。イタリアで培ってきた語学力や交渉力を活かせるだろうとも思っていました。

### バイヤーとしてゼロからのスタート

とはいえホテリエからバイヤーへの転職は、大きな方向転換です。イタリア語ができることと、イタリア人の気持ちがわかること。それ以外は貿易の知識をはじめ、ゼロからのスタートです。難しいことはたくさんありましたが、私ができないことは周囲に助けてもらい、私ができることは誰にも負けないという強い矜持をもって取り組んできました。

私が商談に入ることで、言葉が通じないこ

帰国後勤めた
「ホテル ラ・スイート神戸ハーバーランド」

百貨店の「英国展」に輸入を手がけた
ショートブレッドを出品

カファレルのショコラティエを招いて実演販売

とによる双方の疑心暗鬼が減る。それからイタリア人の心をある程度掴んでいるからこそ、ここまで押していいんだ、という塩梅を見分けられる。厳しい商談を繰り返すうちに少しずつバイヤーとしてのコツを掴み、フランス人やデンマーク人との交渉にも応用できるようになっていきました。

入社の決め手となったジャンドゥーヤの販売にも力を入れました。日本人が大好きなテントウムシのかわいい路線も継続する。しかし、老舗カファレルのレーゾンデートルはジャンドゥーヤなんですよ、ということを日本に伝えていく。伝統や歴史を大切にする日本人の琴線に触れれば、必ず響くはずだという思いがありました。そのためには工夫も必要で、カファレルの専属ショコラティエを日本に呼んで実演販売してもらったり、日本マーケット向けにパッケージを変えたりと、色んな仕掛けをしながら、時間はかかりましたが広めていくことができたという自負があります。商品を通して、国や文化の架け橋になれる。それがバイヤーの仕事の醍醐味だと思います。

**ホテルに戻ったほうが自分らしいかも**

一方で、圧倒的な経験不足からくるキツさが、商社で働いた7年間には付きまといました。バイヤーは細かい「数字」を見なければいけません。仕入価格、税金、輸送費、為替、自分の出張旅費……数字と格闘し、数字に鍛えられた7年間でしたね。また貿易は法律も学ばなければならないし、食品を扱う緊張感もありました。ホテルの仕事だったら、20年やってきたので、自分の中に解決法がいくつもあるんです。でも、バイヤーの仕事にはそれがなく、いざという時の判断に自信が持てない。「人」相手か、「商品」相手か、という違いもあったんだろうと思います。

やりがいはあっても、緊張の糸が常に張っている状態で、キツいなあ、ホテルに戻ったほうが自分らしいかも、と思い始めていたところに、パレスホテルの先輩から、今の会社を紹介されました。オーナーが、ヨーロッパにあるような、12室しかないラグジュアリーホテルをやりたくて、マネージャーを探していると。これは私の武器が活かせる仕事だと直感的に思いました。

# 再びホテル業界へ。キャリアはつながる

### ラグジュアリーホテルのオープンに向けて

　来春、蓼科に、全12室の「ホテル ドゥ ラ ルパージュ Hôtel de l'Alpage」をオープンします。フランス的なラグジュアリーホテルを作りたい、というオーナーの強い意志の元、スタッフ一同、準備の真っ最中です。

　ホテル経営に携わるようになって、商社時代に苦しんだ「数字」のノウハウが活きていますね。人件費から光熱費、シャンプー・リンス・歯ブラシ代まで考えなければ、お客さまに喜んでいただきつつ、利益の出る価格設定はできません。また、家具やワインなどの買い付け・輸入などには、バイヤーの経験や人脈が役立っています。ホテルのコンセプトは「上質な日常」「大切な人と毎年帰りたくなる場所」で、これはヒュッゲに通じるものがあるなあとも思っています。

### 点と点が線に。キャリアはつながっていくもの

　人に喜んでもらいたい——その思いで歩んできたキャリアの点と点が、一本の線になっていく。50歳を過ぎてから、それを実感するようになりました。

　若い頃は無我夢中で、目の前のことに全力を尽くしていただけですが、その時々の興味や縁を大切にしつつ必死にやっていると、必ず次へとつながっていく。途切れたように見えても、諦めなければ、活きる時がやってくる。

　そういえばフランス・アルザスで見つけたパン・デピスは、最終的に山本商店で輸入できなかったんです。リベンジしようと、今のホテルのシェフが、朝食のメニューにするために試行錯誤してくれています。こうやって仕事はつながっていくんですね。

# 加藤安都子さんへ10の質問

**❶ 子供のころの夢は何でしたか?**
ツアーコンダクター。10歳で子供たちの国際親善団でアメリカに行った時、同行した女性のツアーコンダクターさんが溌溂としていて、すごくカッコよかった!

**❷ 座右の銘は何ですか?**
「できるか?　と尋ねられた時は、いつでもできると答えなさい。それから急いでどうすればよいかを探しなさい」
用心深い私の性格を変えてくれた、セオドア・ルーズベルトの言葉です。これが人生のチャンスを生むコツなのだと腑に落ちました。

**❸ 行ってみたい国、街ベスト3は?**
与論島、ハバナ、ブエノスアイレス。与論島は若い頃から憧れだった森瑤子さんのお墓のある場所。他はサルサやタンゴが好きなので。

**❹ 自分の性格で一番自慢できるところは?**
サービス精神が旺盛なところ。

**❺ リフレッシュはどうやってしますか?**
友人と会ってお酒を飲んだり、お喋りをしたり。体はピラティスでスッキリします。

**❻ 仕事をする上で大切にしていることは何ですか?**
相手になる人やモノへのリスペクト。

**❼ 駆け出しの頃に役に立ったアドバイスは何ですか?**
「自分ブランドを作りなさい」。山本商店に転職した時に言われました。自分がブランドになれば、どこに行っても、いくつにもなってもやっていけると。その通りだと、今感じています。

**❽ 海外で仕事をするときに大事なことは何ですか?**
ずうずうしいほど積極的にアタックしていくこと。「面白い」と思われると、外国人との距離をぐっと縮められます。私はイタリア語の言い間違えシリーズを持っています（笑）。

**❾ 世の中にもっとあってほしいモノは何? 減ってほしいモノは何?**
あってほしいモノは率直さ、正直心、思いやり。減ってほしいモノは、オブラートに包んだ物言いや忖度。日本人は、思いやりは十分あるのですが、率直さが足りないと感じます。

**❿ 明日やりたいことは何?**
今のホテルのチームで食事に行きたいです。私の感謝の気持ちを表したい。

# 加藤安都子 *Atsuko Kato*

1969年愛知県生まれ。1979年、ユネスコが国際児童年を宣言した年に、国際親善団としてアメリカへ。大学卒業後はパレスホテル入社、25歳の時にイタリア、フィレンツェのホテルマネージメントスクールへ留学。卒業後、5つ星のデラックスホテルやスモールラグジュアリーホテルなどを経て、山本商店のバイヤーに。現在は2024年3月に開業予定の蓼科高原の「ホテル ドゥラルパージュ」総支配人として準備に奮闘中。

写真協力：加藤安都子　photo：広川智基　text：砂田明子

極上ティータイム

# Reference List

## 坂田夏水さんと行くパリ、ロマーニャ、越前<br>部屋も人生もセルフリノベーションする旅

**La Maison by Nad Yut**
https://www.shor.by/nadyut
https://www.instagram.com/lamaisonnadyut/

**A la Providence Quincaillerie Leclercq**
https://alaprovidence.com

**Rougier & Plé**
https://www.rougier-ple.fr
https://www.instagram.com/rougierple

**Assemblages**
https://assemblages-paris.com

**Merci**
https://merci-merci.com
https://www.instagram.com/merciparis

**Maison&Objet**
https://www.maison-objet.com/
https://www.instagram.com/maisonetobjet/

**Bertozzi**
https://www.bertozzi.jp

**Antoinette Poisson**
https://www.antoinettepoisson.com
https://www.instagram.com/antoinettepoisson/

**滝製紙所**
https://www.takiseishi.com

**山伝製紙**
https://www.yamaden-seishi.com

**岡太神社**
https://www.echizen-tourism.jp/travel_echizen

**夏水組**
http://www.natsumikumi.com

**菩藍堂**
https://www.bolando.fr
https://www.instagram.com/bolando_ya/

**Decor Interior Tokyo**
https://decor-tokyo.com
https://www.instagram.com/decortokyo/
https://material-interior.com

・・・・・・・・・・・・・・・・・・

## 水野仁輔さんと行くパリ、トルコ<br>スパイス&ハーブの魔法を解く旅

**Compagnie Française des Poivres et des Épices**
https://www.compagniedespoivres.com/

**Épices Roellinger**
https://www.epices-roellinger.com/fr/
https://www.instagram.com/epicesroellinger/

**Mont-Saint-Michel**
https://whc.unesco.org/ja/list/80

**Deraliye**
https://deraliyerestaurant.com
https://www.instagram.com/deraliye_restaurant_istanbul/

**OD Urla**
https://odurla.com/
https://www.instagram.com/odurla/

**Alaçati herb festival**
https://goturkiye.com/alacati-herb-festival

**The Herbs Men**
https://www.instagram.com/salam_unagami/?hl=ja
https://www.instagram.com/shankar.noguchi/
https://www.instagram.com/kurisatan/

**AIR SPICE**
http://www.airspice.jp
https://www.instagram.com/airspice_official/
https://note.com/airspice

**カレーの学校**
https://curryschool.jp

・・・・・・・・・・・・・・・・・・

## 高野のぞみさんと行くロンドン<br>幸せの花束をめぐる旅

**Columbia Road Flower Market**
https://columbiaroadmarket.co.uk

**Grace & Thorn**
https://graceandthorn.com
https://www.instagram.com/graceandthorn/

**Florattica**
https://floratticalondon.co.uk/

**McQueens Flower School**
https://www.mcqueensflowers.com

**Petersham Nurseries**
https://petershamnurseries.com
https://www.instagram.com/petershamnurseries/

※海外渡航、現在の各地の状況につきましては、外務省の海外安全情報、厚生労働省検疫所「FORTH」、各種オフィシャルサイト・SNS を必ずご確認ください。全ての情報は 2023 年 10 月 1 日時点のものになります。

**Dansk Flowers**
https://www.danskflowers.com
https://www.instagram.com/danskflowers/

**PHOHM**
https://phohm.co.uk

**Design by Nature**
https://designbynature.co
https://www.instagram.com/designbynatureflowers/

**Lewes Antiques Centre**
https://www.instagram.com/lewesantiquecentre/

**NP**
https://npflower.official.ec
https://www.instagram.com/nonpan123/

・・・・・・・・・・・・・・・

## 西川涼さんと行くスイス、ドイツ 心ときめくおもちゃに出会う旅

**CUBORO®**
https://cuboro.ch/

**Naef**
https://www.naefspiele.ch/

**ニュルンベルク フラウエン教会**
https://frauenkirche-nuernberg.de

**ニュルンベルク おもちゃ博物館**
https://museen.nuernberg.de/spielzeugmuseum

**ザイフェンおもちゃ博物館**
https://www.spielzeugmuseum-seiffen.de/

**Gebrüder Werner Seiffen**
https://www.werner-seiffen.de

**Dusyma**
https://www.dusyma.com/de/

**NIKI TIKI アトリエ ニキティキ**
https://www.nlkltlkl.co.jp/

・・・・・・・・・・・・・・・

## 加藤安都子さんと行くデンマーク、アルザス 極上のティータイムを届ける旅

**Tivoli**
https://www.tivoli.dk
https://www.instagram.com/tivolicph/

**La Glace**
https://laglace.dk/

**Magasin du Nord**
https://www.magasin.dk

**Leckerbaer**
https://leckerbaer.dk
https://www.instagram.com/leckerbaer/

**A.C. Perch's Thehandel**
https://www.perchs.dk
https://www.instagram.com/acperchs/

**Strasbourg Christmas Market**
https://noel.strasbourg.eu
https://www.instagram.com/strasbourgcapitaledenoel

**Mireille Oster**
https://www.mireilleoster.com/

**Fortwenger**
https://www.fortwenger.fr

**Caffarel**
https://www.instagram.com/caffarel1826/

**山本商店**
https://h-yamamoto.co.jp
https://labellavitakobe.com

・・・・・・・・・・・・・・・

**外務省 国・地域**
https://www.mofa.go.jp/mofaj/area/index.html

**外務省 海外安全情報**
https://www.anzen.mofa.go.jp

**厚生労働省検疫所(FORTH)**
https://www.forth.go.jp/index.html

**世界遺産**
https://whc.unesco.org/en/list/

・・・・・・・・・・・・・・・

## 番組公式サイト

https://www.nhk.jp/p/sekahoshi/
https://twitter.com/nhk_sekahoshi
https://www.instagram.com/nhk_sekahoshi

**せかほし5min.**
https://www.nhk.jp/p/ts/N795MG721L/

# Program List　世界はほしいモノにあふれてる 放送リスト

# STAFF LIST

<TVスタッフ>

| | |
|---|---|
| MC | 鈴木亮平　JUJU |
| ナレーター | 神尾晋一郎（81プロデュース） |
| 制作統括 | 柳迫 有　川添哲也 |
| プロデューサー | 大福由喜　滝川一雅　井川陽子 |
| ディレクター | 私の"幸せ"部屋づくり 日本・フランス・イタリア　大福由喜<br>幸せのスパイス＆ハーブをめぐる旅 フランス・トルコ・マレーシア　佐々木浩人<br>春の英国SP！幸せの花束をめぐる旅　佐々木浩人<br>夏のスイス＆ドイツSP 美しきオモチャをめぐる旅　佐々木浩人<br>極上ティータイムを巡る旅 デンマーク・フランス　市川佳子 |
| 制作スタッフ | 岡本絵理 |
| 制作協力 | 株式会社 ぷろぺら<br>株式会社 TBSアクト<br>株式会社 クレイジー・ティブィ |
| 制作・著作 | NHK |

# おわりに

　今回お届けした5人の方々の旅。楽しんでいただけましたか?

　2018年4月にスタートした番組「世界はほしいモノにあふれてる」は、2023年、放送開始5周年を迎えることができました。"世界のそこにしかない素敵なモノを探し出し、モノに秘められた知られざるストーリーと文化をお届けする"。このコンセプトのもとお送りした番組はおよそ120本。そしてその主人公が、いわずもがなの魅力あふれるバイヤーさんや海外に出かけて仕事をする人々です。

　実際にお会いすると、皆さんバイタリティにあふれ、輝いている人ばかり。その一人、水野仁輔さんからは、"自分の興味や好奇心でやってきたらここまで来た"と伺いました。水野さんたちから発せられる熱量は、「自分の中にある"好き"と、素直に向き合う生き方からうまれる」のではと感じました。この時代、"好き"で仕事をするのは難しいと誰もが思いがちです。けれども"好き"で仕事をしている人も実際にいました(当然大変なこともあるのでしょうが)。そして、この"好き"という気持ちから始まるお仕事や買い付けによって、日本にいる私たちにもその思いが伝染し、知らない国の知らないアイテムを一つずつ"好き"になっていく。そんな"好き"の連鎖も生み出します。何かが"好き"というシンプルな気持ちは、他の人の人生や、世界も変えてしまうほどのパワーを持っているのかもしれません。

　せかほしは、これからもそんな自分の"好き"を大切にする人々を応援していきたいと思っています。


　最後になりますが、この本を楽しく読んでくださった皆さん、
番組を楽しい雰囲気でいっぱいにしてくださる鈴木亮平さん、JUJUさん、神尾晋一郎さん、
いつもどこかで見守ってくれている三浦春馬さん、
せかほしをこれまで支えてくださり、ありがとうございます。
そしてこれからも、せかほしをよろしくお願いいたします。また素敵な旅をご一緒に!

NHK　メディア総局　第2制作センター文化
世界はほしいモノにあふれてる
チーフ・プロデューサー

川添哲也

# 世界はもっと！ほしいモノにあふれてる4
## 〜まだ見ぬ宝物と人に出会う旅〜

監修　NHK「世界はほしいモノにあふれてる」制作班

企画・編集　松山加珠子
装丁・デザイン　冨永浩一（ROBOT）
撮影　広川智基（水野仁輔、西川涼、加藤安都子）
取材・文　magbug　森綾　梅田梓　砂田明子
校正　牧野昭仁

2023年11月2日　初版発行

発行者　山下直久
編集　小川純子（アーティストアライアンス出版課）
出版マーケティング局　谷健一
生産管理局　坂本美香
発行　株式会社KADOKAWA
〒102-8177 東京都千代田区富士見2-13-3
電話 0570-002-301（ナビダイヤル）
印刷・製本　大日本印刷株式会社